JN440571

행복을 찾는 길

행복을 찾는 길

고동주 산문집

한국문화사

■ 책을 내면서

사람들은 누구나 행복해지기를 바라며 살아간다.

그 행복이 재물인지, 권력인지, 쾌락인지는 모르지만 천방지축 과욕으로 허덕이다가 오히려 불행의 늪에 빠지는 경우를 흔히 볼 수 있다.

그러나 자신의 경우만을 떠나서, 불우한 이웃이나 어떤 단체를 위하여 해맑은 하늘처럼의 양심과 성실한 삶의 용기로 쓰라린 고통까지를 안고 희생했을 때만이, 비로소 보석처럼 반짝이는 행복의 꽃이 피어나리라 생각된다.

그것도 위선으로 포장된 일회성 선물이 아닌, 진실한 정성에서 비롯된 고통이라야 함은 물론이다.

그래서 이 책에서는 자신의 안일을 떠나 온갖 고통을 감수하면서까지 혼으로 진실하게 이웃의 아픔을 덜어준 사례를 주제로 한 글들을 중심으로 모아보았다.

아무쪼록 독자들에게 진실한 행복이 함께하기를 기원하는 바이며, 특히 사회생활을 본격적으로 시작하지 않은 학생들에게 일독을 권하고 싶다.

2020년 가을

고 동 주

■ 차례

제2부 남을 돕는 축복

제3부 화목한 가정

제1부
행복이 있는 곳

행복이 있는 곳

사람은 누구나 행복해지고 싶어 한다. 행복이 어디쯤 있는지를 암시해 주는 이야기가 있다.

옛날 어느 임금님이 병에 걸렸는데 백약이 무효였다. 가장 가까이서 간호하던 신하의 꿈에 신선이 나타나 "임금님의 병을 낫게 하는 신통한 처방이 내게 있노라!" 했다. 신선 앞에 무릎을 꿇고 "그 처방이 무엇이오니까?" 하고 머리를 조아렸다. "이 세상에서 가장 행복하다고 생각하는 사람의 내의를 얻어다가 임금님께 입혀드려라!"

꿈에 깨고 나서 동료 신하 몇 사람에게 이런 연유를 얘기하고 급히 세상에서 제일 행복한 사람을 찾아 나섰다.

먼저 유명한 대부호를 찾아갔다.

"당신은 이름난 부호이므로 세상에서 제일 행복하다고 생각하시지요?"

"아닙니다. 나야말로 이 세상에서 가장 불행한 사람입니다. 창고는 가득하나 늘 근심에 쌓여 걱정이 떠날 날이 없습니다. 불이 날까, 도둑이 들까, 사기를 당할까, 사업에 실패할까 이런 저런 걱정 때문에 하루도 편히 잠들 수가 없으니 이보다 더 불행한 사람이 어디 있겠습니까?"

신하들은 발길을 돌려 수많은 군사를 호령하는 장군을 찾았다.

그 장군 역시 "행복하다니요. 어림없습니다. 언제 어디서 적이 쳐들어올지 모르는 긴박한 상황에서 잠시도 마음 놓고 쉴 수 없으니 어찌 행복하다고 생각하겠습니까?"

이번에는 유명한 예술가를 찾았다. 그분도 창작을 위한 고뇌만을 털어놓으면서 행복과는 상관없다고 했다.

아무리 찾아도 이 세상에서 제일 행복하다고 스스로 느끼는 사람을 찾을 수가 없었다. 낙심하며 돌아오는 길에 양 떼를 지키며서 피리를 부는 목동을 만났다. 신하 중의 한 사람이 농담

삼아 "얘! 너 행복하니?"

"예! 나야말로 이 세상에서 제일 행복합니다."

"너 내의를 벗어줄 수 있니?"

소년은 행복한 가슴을 열어 보여주었다. 그러나 내의가 없었다. 내의도 입을 수 없는 가난한 목동이지만 세상에서 제일 행복하다고 생각하며 즐거워하고 있었다.

어디선가 한 번 들은 내용인데 어렴풋한 기억을 더듬어 이렇게 옮겨보았다.

세상 살아가면서 행복의 기준을 어디에다 둘 것인가를 생각하게 하는 이야기다. 각자 개성과 이상과 시대에 따라서 그 행복의 기준이 각양각색이겠지만 근본적인 방향을 암시하고 있다. 아무리 많은 재산이나 높은 지위보다는 차라리 가난할지라도 스스로 행복을 가꾸어 간직할 줄 아는 착한 마음속에 머문다는 것이 정답인 것 같다.

가난한 목동은 파란 하늘에 흘러가는 두어 점 구름을 타고 자연의 아름다움에 도취되어 피리를 불고 있었을지 모른다. 그 순간은 어떤 조건과도 비교가 안 되는 소년 나름의 만족스러운 상태이므로 내가 이 세상에서 제일 행복하다고 외쳤을 것이다.

그렇다고 가난이 행복과 가깝다는 얘기는 결코 아니다. 다만 빈부의 차이가 행복의 척도는 될 수 없다는 것이다. 또 자신의 분수에 만족을 찾아내는 시각(視角)이 있느냐가 문제다. 어떤 시련 앞에 쉽게 좌절하며 비통해하는 것보다, 그 시련을 딛고 서서 오히려 약진의 발판으로 삼는 슬기만이 행복과 거리를 좁히는 방법일 것으로 생각된다.

얼어붙은 겨울의 아픔을 이겨 낸 나무들도 봄의 따스한 입김과 더불어 새 싹을 피워내듯, 조심스럽게 불행을 헤치며 고르고 다듬어서 소박한 행복을 만들어보면 어떨까?

행복은 결국 우리 마음속에 깊이 숨어 있는 것. 그것을 햇빛속으로 끄집어내었을 때, 우리는 비로소 행복할 수 있으리라 생각된다.

행복의 길

어느 날, 『고도원의 아침 편지』에서 「행복이란」 제목의 짤막한 글을 읽었다. 내용은 헬렌켈러와 나폴레옹이, 죽음을 앞두고 각각 행복에 대한 견해(見解)를 밝힌 글이었다.

헬렌켈러(1880-1968)는 시각과 청각 장애자인데도 "내 생애에 행복하지 않는 날은 하루도 없었다."라고 했다.

나폴레옹(1769- 1821)은 한때, 유럽 역사를 흔들던 영웅이었지만 "내가 기억할 수 있는 범위 안에서 행복한 날은 엿새를 넘지 않는다."라고 했다.

너무도 대조적이면서 언뜻 이해할 수 없어, 그들의 생애를 살펴봤다.

헬렌켈러는 미국에서 출생하여, 19개월 만에 급성 뇌막염에 걸리면서 시각과 청각을 잃게 되었다. 그래서 어린 시절은, 앞을 보지 못하는 짐승처럼 자랐다.

그런 무거운 장애를 업고, 어머니와 위대한 스승 애니 설리번의 도움으로 배움의 길에 들어섰다. 그리하여 시각, 청각 중복 장애인으로는 처음으로 인문계 학사 과정을 거치면서 유명한 작가가 되었다. 또 교육가이자 사회주의 운동가로도 명성이 높았다. 88세에 이르러 죽음을 앞두고, 서두에 있는 대로 '일생동안 행복하지 않은 날이 하루도 없었노라'고 하니 얼른 이해가 되지 않는다.

누구나 단 하루만 시각과 청각이 마비되었다고 치면, 얼마나 답답하고 못 견딜 지경이랴. 그런데도 하루가 아닌 평생을 그렇게 살면서도 '행복하기만 했다'고 하니, 그런 고통까지도 모두 행복이었던 셈인가보다.

나폴레옹은 이탈리아 제노바 영토인 코르시카라는 섬에서 태어났다. 군사학교를 졸업하고 군인이 되었으며, 전쟁이 일어났을 때마다 패배를 모르는 영웅이었다. 그렇게 유명한 대장군이자, 정치가이고, 지도자로 승승장구(乘勝長驅)했다. 한때는 왕족의 혈통도 아니면서 11년간 프랑스 황제까지 역임했다.

그런 호사(好事)를 누리다가 인생 후반기에 이르러, 러시아 원정에서 큰 타격을 받고 유배의 쓴잔을 마시게 된다. 그 후 영국 왕실에 잡혀 지내는 등, 고난의 기간도 있었지만, 그렇게 길지는 않았다.

그런 인물인데도 일생 중 행복했던 날이 고작 엿새를 넘지 않는다고 하니, 막강한 권세나 직위도 행복과는 무관하다는 이야기가 된다.

나 자신도 지금까지 살아온 길을 회고컨대, 행복의 길이었는지, 불행의 길이었는지, 쉽게 단정할 수 없다.

그러나 헬렌켈러의 입장에 비교하면, 우선 지체장애자가 아니라는 점이다.

나폴레옹에 비교해도 크게 명성을 떨치지는 못했지만, 유배를 당한 고통은 없을 뿐더러 행복을 느낀 날이 엿새는 더 되는 것 같다.

그렇다면 헬렌켈러나 나폴레옹보다 행복하다는 결론이나, 그것은 어림도 없는 착각일 뿐이다. 아무래도 행복은 외부적인 조건보다는 내부적인 바탕에서 만들어질 수 있는 것 같으니까.

우선 마음이 온유하고 깨끗하여 남에게 자비를 베풀고, 미움 대신 사랑을, 허물 대신 칭찬을, 질투 대신 이해를, 외면 대신 협조를 앞세우는 등, 내심(內心)부터 잘 다듬어야 하리라.

이런 기초부터 쌓은 다음이라야 행복의 꽃이 더러 피어날 것 같지만 생각대로 쉽지는 않을 것이다. 우선 내 경우를 보면, 워낙 성격의 바탕이 꼼꼼한 데다, 고집의 단수가 예사롭지 않은 것이 문제다.

그럴지라도 행복을 향하여 굳은 신념과 사랑과 용기로 도전해 보는 수밖에는 다른 방법이 없는 것을 어쩌랴.

이런 생각에 이른 것만 해도 행복이 살며시 보이는 것 같으니, 우선 생활 주변의 이기심에서 벗어나, 포근하고 부드러운 마음 가다듬고, 범사(凡事)에 감사하며 살아갈 일이다.

고난 속에서도 희망을 품고, 행복하게 일생을 살았던 헬렌켈러가 유달리 위대해 보인다.

한 번뿐인 삶

오늘날 중 · 고등학생들이 언제 한 번 마음 놓고 학우(學友)들끼리 어울려 본 적이 있을까 싶다. 꽉 짜인 수업시간에 치이고, 성적에 눌려서 기(氣)죽어 있는 모습이 안타깝다.

그런 학생들이 장차 커서 정서적, 신체적, 사회적으로 문제가 있는 불안정한 인격이 형성될까 염려된다.

그러니 어떤 중요한 기회가 있을 때, 친구끼리 마음을 열고 어깨를 활짝 펴고 한마당 어울리는 것은 의미 있는 일이 될 것이다. 그런 기회에 우정도 쌓고, 추억도 만들고, 협동의 분위기도 조성해 보는 체험이 되지 않을까 싶다.

학교 공부가 인생의 전부는 아닌 줄 안다. 링컨 대통령은 학교라고는 가본 적이 없지만, 독학으로 변호사가 되고, 대통령까지 될 수 있었다.

대학 입시도 중요하지만 그 이전에 사람다운 인격이 형성되어야 할 것이다. 저마다의 소질을 계발(啓發)해야 하고, 용기도 길러야 할 것이다. 정서적으로 넓고 푸른 하늘을 가슴에 품어야 장차 이 나라의 자랑스러운 일꾼이 될 수 있지 않을까 싶다. 좋은 책은 훌륭한 스승과 같다는 것도 깨닫고, 돈이나 지위보다 더 소중한 것이 '보람'임도 알아야 한다.

이 세상에서 소중한 것은 만남이며, 내가 만나는 좋은 점에서 좋은 것을 배우고, 나쁜 면을 보게 되면 자신은 그렇게 하면 안 된다는 것을 깨우쳐야 할 것이다.

그리고 고마움을 알고, 은혜를 평생 잊지 않는 사람, 나에게 주어진 1분 1초는 자기의 생명임을 알고, 시간을 소중히 아끼는 그런 학생이 되었으면 좋겠다.

인생을 단거리 선수처럼 숨 가쁘게 살지 말고, 마라톤 선수처럼 끈기와 인내심으로 살아야 할 것 아닌가.

또 내 스스로 나의 장점을 찾아내어 그 장점을 기르는 슬기도 가져야 할 것이며, 자신이 한 약속은 목숨을 바쳐서라도 지키고, 오늘 일은 내일로 미루지 말아야 할 것이다.

단 한 번뿐인 삶을 우리는 살아가고 있다는 것과 인생이 가는 길은 왕복 차표가 없다는 사실까지도 깊이 명심할 일이다.

이 귀중한 순간

내게서 가장 귀중한 순간이 언제였는지 자문해본다.

어쩌다 기쁨의 깃발이 펄럭이던 순간이었을까?

땀 흘려 이룩한 보람이 달빛처럼 고왔던 순간이었을까?

아니면 과오를 뉘우치며 눈물로 회개하던 순간이었을까?

이런 순간은 강물 같은 세월 위에 잠시 떠 있다가 어디론가 흘러가고 말았다. 아무리 잘못된 순간이라도 지나갔으니 더는 어쩌지 못한다.

그렇다면 마음먹는 대로 바꿀 수 있는 지금 이 순간이야말로 가장 귀중한 순간이 아닌가 싶다. 일생에 단 한 번 잠시 지나가는 이 귀중한 순간을 예사롭게 생각하고 살아온 어리석음을 이제 와서 탓한들 무슨 소용이 있으랴. 그러고 보니 앞으로 다가오는 순간순간만은 예사롭게 맞을 일이 아니다.

이렇게 귀중한 순간은 모두 미래 쪽에만 존재하고 있음을 알았으니, 이제부터 앞만 바라보고 단단히 대처할 일이다.

다가오는 삶을 일 초라도 아끼며 보람차게 정진해야 할 터. 그렇게 단단히 무장하여 순간을 맞이하려고 작심하는 순간, 여러 가지 다짐거리가 모여들었다.

'교만 대신 겸손을, 자랑 대신 반성을, 미움 대신 사랑을, 비방 대신 칭찬을, 절망 대신 희망을, 소외 대신 포용을, 투쟁 대신 화평을, 기대 대신 베풂을, 책망 대신 위로를, 보복 대신 용서를….'

세상에 널리 알려진 것들이지만, 이렇게 한 묶음으로 불러 모아 보았다. 그러나 그 실천이 만만치만은 않을 것 같다.

최근 들어 우리 생활 주변에서 이런 부분들을 뒤집어 놓은 결과로, 너무도 끔찍한 사건들이 세상을 뒤흔들고 있음도 너무 안타깝다.

그런 현상도 따져보면 모두 귀중한 순간을 예사롭게 생각하고 잘못 대처한 탓이다. 그러니 이제부터라도 버릴 것 깨끗이 버리고, 베풀 것 과감히 베풀면서, 온 세상의 빛과 향기가 되도록 힘써야 한다. 어쩌면 이것이 장차 이 나라의 돌이킬 수 없는 운명이 될지도 모른다. 그러니 어찌 예사로 넘길 수 있겠는가.

그러니 우선 목표한 덕(德)을 쌓기 위하여, 떳떳하지 못한 욕심과 교만과 착각부터 과감히 버리는 훈련부터 열심히 해야 한다. 그리고 매일 새벽마다 일정한 기원(祈願)의 시간부터 가질 일이다.

남들보다 뒤늦게 시작하면 마음이 다급해지겠지만, 그 다급함마저 적당히 조절해 나가야 한다.

설사 계획대로 다 이루어지지 못하더라도, 노력한 만큼은 그 격(格)이 달라질 수 있을 것이다.

생명 같은 시간

청소년 시절에는 뇌세포 활동이 왕성하여 새로운 것을 입력시키면 오래가고 선명하다. 이때 부지런히 입력시켜야 한다. 때를 놓치고 나면 점점 어려워지는 법이다.

청소년 시절에 1시간 공부하는 것이 장년 이상이 되었을 때 10시간 공부하는 것보다 훨씬 능률적일 수 있다고 한다. 그러니 헛된 일로 시간을 낭비할 수 없지 않는가.

어릴 때뿐만 아니고 평생을 통해 시간 아끼며 살기로 유명한 분이 있다. 공속도 타자기를 만들어 낸 공병우 선생을 두고 하는 말이다.

그는 팩시밀리 컴퓨터의 한국자판을 만들어 낸 선구자이다.

아흔을 눈앞에 바라보기까지 연구에만 열중하였다.

옛말에 '시간은 돈이다'라는 말을 고쳐서 '시간은 돈보다 더 소중한 생명이다'라고 주장하였다. 선생의 시간 아끼는 방법을 보면 너무 지나쳐서 따분한 생각이 들기도 한다.

걸어서 5분 이상 걸리는 이발소에는 가지 않았다. 넥타이 매는 시간이 아까워서 어떤 장소에 가도 정장은 하지 않았다고 했다. 양말 신는 시간을 절약하기 위하여 고무줄 들어 있는 부분을 가위로 제거하여 신었고, 구두도 항상 뒤축을 구겨서 신었다고 한다. 음식도 요리하는 시간이 아까워 생채소에 소금을 쳐서 먹었다고 하니 더 말할 필요가 없다.

너무 심한 것 같지만 공 선생의 시간을 생명처럼 아끼는 그 정신은 우리가 본받아야 한다.

'남과 같이하면 남보다 잘할 수 없다'라는 말과 같이 남보다 잘 하려면 몇 배 더 노력해야 한다. 남들이 하는 것만큼만 해놓고 욕심만 부린다고 될 일이 아니잖은가.

옛날 진나라 탕왕은 세숫대야에다 '날마다 새로워지자(日日新)'를 써놓고 세수할 때마다 새로워지기를 다짐했다고 한다.

생명이 있을 때까지는 새로워지려는 노력을 계속해야 행복하게 살아갈 수 있을 것이다.

아직 사회에 진출하지 않은 학생들에게 '시간을 아끼자! 부지런히 공부하자! 시간은 생명이다!'라고 당부하고 싶다.

저마다의 소질 계발

고등학교를 졸업하기까지의 학생들은, 희망하는 대학에 들어가기 위해 쉼 없이 작동하는 기계와 같다.

방학도 없고, 낮과 밤 구분도 없고, 쉬는 시간은 언감생심이니, 창의력 · 소질 계발 · 여가 선용 등을 말하는 것은 사치다.

어쨌든 죽을힘을 다해 공부만 해야 하고, 문제를 놓고 답하는 능력 외에는 제대로 가르치는 것이 없는 게 학교 교육의 전부라고 해도 과언이 아니다. 물론 모든 학교가 모두 그렇지는 않겠지만….

부모 역시 일 초라도 더 공부해서 좋은 대학에 들어가기를 바라는 마음이 커서 자식들과 대화의 기회도 거의 없다. 아버지와 기껏 대화라고 하는 것이 "열심히 잘해!" 단 한 마디 정도뿐인 가정도 허다한 실정이다.

그러나 일류대학에 합격한 학생들을 보면, 대부분 자신이 알아서 열심히 했을 뿐, 다그쳐서 들어간 학생은 별로 없다.

사람은 저마다 소질을 타고나기 때문에 공부에만 너무 집착할 필요가 없을 수도 있다. 자신만의 소질을 계발하는 것이 우선이라야 하니까.

발명왕 에디슨은 온 인류에 큰 영향을 끼친 발명왕이다. 전등 · 전신기 · 영사기 · 축음기 · 전지 등 우리 생활에서 에디슨이 발명한 것을 빼면 당장 암흑세계가 되고 만다. 그는 일생 동안 1,300여 종의 특허를 받았다. 그래서 그는 미국의 국보요, 세계의 보배며, 인류의 은인이고, 현대문명의 기둥 역할을 했다.

에디슨이 1931년 84세로 별세할 당시, 미국의 후버 대통령은 전 국민이 1분 동안 전기를 끄고 애도의 뜻을 표하도록 했다.

그런 사람의 학력은 대학 졸업도, 박사 학위 소유자도 아니다. 겨우 초등학교 3개월의 학력뿐이다.

그가 학교에 입학했을 때, 질문 공세에 못 견딘 교사는 그를

저능아 취급을 해 버렸다. 보이는 것마다 의문투성이인 그는 교사를 못살게(?) 굴었던 것이다.

그래서 그 교사는 에디슨의 보호자를 불러서 3개월 만에 퇴학을 시키자, 그 어머니는 "내 아들은 바보 천치가 아니고 천재일지도 모른다."라고 했다. 그리하여 학교도 감당 못하는 아이를 위대한 발명왕으로 기른 것이다.

학생들은 저마다 잠재된 소질을 갖고 있다. 그런 재능을 본인이나, 부모도 모르게 썩히고 마는 경우가 비일비재하다. 입시기계로 만드느라 이런 소질이 다 묻히는 게 안타깝다.

오늘날 우리 사회는 제품화된 지식보다 다양한 인재가 필요하다. 그러니 다양한 소질을 키울 수 있도록 이 나라 교육 제도가 뒷받침되기를 간절히 바란다.

나라의 장래는 이 학생들의 몫이다. 그들이 밝고 씩씩하게 자라면서, 소질을 마음껏 계발하는 것이 든든한 미래의 조국 건설이 될 수 있을 것이다.

미래 조국의 주역을 기르는 것은 기성세대의 몫이므로, 이렇게라도 작은 몸부림을 쳐보는 것이다.

사람다워야

'사람이면 다 사람이냐, 사람이 사람다워야 사람이지'라는 말이 있다. 사람이 사람다우려면 우선 감사할 줄 알고, 윗사람 공경할 줄 알고, 땀 흘려 보람을 쌓을 줄 알아야 한다는 말이리라.

생활 주변에서 흔히 볼 수 있는 자연이나 사물이나 사람을 예사롭게 보지 말고 의미를 찾아보면 위대한 가치를 발견하게 된다. 우선 하늘에 해가 없고, 공기가 없고, 바다에 물이 없다면 이 세상이 존재할 수 없을 것이다. 그러니 창조주에게 우선 감사할 일이다.

나무 이파리 풀잎 하나도 깊이 따져보면 인간의 생명과 무관하지 않다. 그러니 감사할 일이다. 하물며 나를 낳아서 길러준

부모에게 감사해야 하고, 건강을 누리고 있음도 감사해야 한다. 감사하는 마음이 가슴에 가득할 때 살맛 나는 인간이 될 수 있기 때문이다.

또 윗사람을 공경하고 부모에게 효도하는 것은 너무도 당연한 처신이리라.

군인들이 인사할 때 '충성!' 하고 구호를 외치는 것은 마음속에 충성심을 심기 위함이라 한다. 충성과 효도는 같은 뿌리를 갖고 있다고 본다. 예부터 '충신 중에 불효자 없고, 효자 중에 반역자 없다'라고 했다. 성서에서도 불효하면 까마귀에게 쪼이고 독수리에게 먹힌다는 비유의 말씀이 있다. 그러니 오래 살고 건강하고 싶으면 반드시 부모에게 효도해야 할 것이다.

그다음은 보람을 쌓을 줄 아는 사람이 되어야 할 것이다. 희생과 봉사로 사회에 유익한 그 무엇을 이루어내고 되돌아보아 흐뭇해지는 보람은, 돈 주고도 살 수 없으니까.

인류의 은인으로 알려진 독일의 슈바이처 박사는 재능이 뛰어난 분으로 널리 알려져 있다. 그는 신학자이며 음악가요, 시인이며 의사였다. 다재다능한 그는 모든 영화를 다 버리고 아프리카 미개지에 있는 나환자촌에 병원을 개설하고, 죽어가는 흑

인의 고통을 나누었다. 상식적으로 따지면 바보 중의 바보임이 틀림없다. 그러나 그 값진 보람으로 세계적인 본보기가 되었고, 드디어 인류의 은인이라는 빛나는 위치에 우뚝 서지 않았는가?

나 자신의 안일을 위한 노력보다는 이웃을 위한 봉사, 지역사회와 나라를 위한 봉사에 앞장서서 이루어낸 보람 이상으로 사람을 사람답게 하는 일은 없는 줄 안다.

'사람이면 다 사람인가….'

매일같이 반복해서 반성해 보아도 결코 나쁘지 않을 것 같다.

욕심을 비운 자리

행복을 찾고자 위만 보고 달려가는 사람의 욕심은 끝이 없어서, 어쩌다 목표했던 것을 찾는다 해도 그것만으로 완전한 행복이 보장되지 않는다. 그렇다면 도대체 그 행복이라는 것이 어디쯤 있는 것일까. 아마도 각자의 마음속 깊고 낮은 곳에 숨어있을 것 같다는 엉뚱한 생각을 해 본다. 다만 그것을 캐내는 방법이나 의지에 따라 그 귀한 보물을 찾을 수도 있고, 영영 찾지 못할 수도 있을 것 같다.

나는 이 문제에 대해서 최근에 나름대로 작은 경험을 할 수 있었다.

지방자치시대를 맞아 민선 초대, 2대 단체장 직을 마치고 더는 도전하지 않기로 결심했다. 현행법상 세 번까지 할 수 있고 남들이 말하기를 당선 가능성도 충분하다고 떠밀었지만, 기어코 두 번만으로 욕심을 접었다. 그렇게 하는 데는 약간의 용기도 필요했지만 스스로 비워버리니 얼마나 홀가분하고 떳떳한지….

이렇게 비워낸 자리에 만족이라는 새로운 샘물이 고이는 것을 느꼈다.

권력(?)에서 떠났다고 간간이 마음을 흔들어 놓는 배신의 분위기도 더러 있었지만, 그것은 삶에 있어서 적당한 리듬이라고 생각해버렸다.

옛 선비들은 애완구(愛玩具)로 대 마디를 토막 내어 밑바닥에 작은 구멍을 뚫고 물을 채워서 머리맡에 두고 분수를 지키는 교훈으로 삼았다고 한다. 그 대 물통은 80%까지 물을 채워도 아무 이상이 없다가 그 선을 넘어 가득 채우면 그때부터 새기 시작하여 바닥을 보인다고 한다. 그래서 그 신기한 물통을 분수를 지키는 분수통이라고도 하는데, 나 역시 그 애완구의 영향을 받은 것이 아닐까.

자치단체장을 세 번까지 도전하여 잘하는 사람도 있지만, 일부는 낭패를 당하는 경우를 볼 때, 옛 선비들의 지혜를 다시 한번 감탄케 했다.

이처럼 분수 통은 욕심의 80%만 지키라고 했지만, 현실적으로 적당한 분수가 어느 선까지인지 잘 모른다.

그 문제에 대해서도 어느 시인이 정의를 내려놓은 것을 본 기억이 난다.

'일어설 때가 언제인가를 알고, 스스로 일어서는 자의 뒷모습은 아름답다.'

분수를 지키는 한계란, 자기 나름의 판단에 맡길 수밖에 없겠지만, 어쨌거나 자신이 지금 처한 위치에서 만족할 수만 있다면 행복은 바로 그 자리에 있을 수 있다.

비워낸 만족을 감사의 보자기로 싸면 영락없이 행복이라는 보물이 될 것 같다.

한가로운 시간이 있을 때마다 나는 감사의 대상을 묵상하며 찾아본다. 그렇게 하면 여름날 수평선 너머 뭉게구름처럼 감사의 꽃이 피어나는 것을 느끼게 된다.

바르게 사는 길

하루에도 아침이 있고, 일 년에도 봄이 있듯이 사람에게는 청소년 시절이 있기 마련이다. 그 청소년기야말로 그 사람의 보배이며, 한 나라의 보배요, 천하의 보배라고 누군가가 말했다.

그래서 그 청소년기에 바른 방향을 잡고 인생을 살아가는 것은 영원히 바르게 사는 첩경이라 할 수 있다.

설사 청소년기에 결점이 있어도 얼마 안 가서 없어질 것이다. 다만 장년기나 노년기까지 이끌고 나가지 않도록 스스로 자신과 싸워 이겨내야 할 과제다.

청소년기의 실패야말로 성공의 척도라고 주장하는 사람도 있다. 다만 그 실패를 어떻게 처리했는가가 문제이다. 낙담했는가,

물러섰는가, 다시 용기를 내어 전진했는가이다. 감당하기 어려운 고생이나 외로움이나 서러움이 닥쳐도 언덕을 뛰어넘는 용기를 잊지 말아야 할 것이다. 산도 끌고 간다는 용기를 말이다.

내 인생 내가 살아간다는 긍지와 보람을 갖고 밝고 명랑하게 노력해야 한다.

어릴 적 고생은 돈 주고 사서라도 한다는 말이 있지 않던가? 지금 당장 내게 고통이 와도 이것은 장차 훌륭한 사람이 되기 위한 바탕이라 생각해야지.

역사적으로 유명한 사람은 어릴 적부터 고생하며 자란 사람들이 더 많다는 사실을 우리는 흔히 접할 수 있다.

야산에서 제힘으로 돋아난 잡초는 많아도 잘 죽지 않는다.

그러니 누구나 어릴 때부터 더욱 힘내어 전진하여야 할 것이다.

돈으로도 살 수 없는 것

새벽에 일어나 서재에서 우연히 손에 잡힌 전도(傳道)서적을 읽어가다가, 매력적인 구절 하나를 만났다.

'돈이 많이 있어도 좋은 침대는 살 수 있지만, 단잠은 살 수 없다.'

나는 팔순 초반에 접어들면서부터, 잠 잘 시간인데도 잠이 오지 않는 때가 많아졌다. 그럴 때마다 신경안정제 신세를 지게 되어 늘 부담스럽다. 어쩌다 약을 먹지 않고 잠이 들 때도 있으나, 그런 경우에는 꿈속에서 헤매야 하므로, 제발 단잠을 좀 잤으면 하는 터에 만난 구절이라 더욱 감동했나 보다.

계속해서 다른 구절도 이어졌다.

'돈이 많아 음식은 마음대로 살 수 있어도, 입맛은 못산다.

돈으로 옷과 장식은 아름답게 꾸밀 수 있어도, 내면의 아름다운 교양은 살 수 없다.

돈으로 좋은 집은 살 수 있어도, 행복한 가정은 살 수 없다.'

이와 비슷한 예를 찾아보면 끝이 없을 것 같다.

우선 널리 회자(膾炙)되고 있는 말 중에 '돈 주고도 살 수 없는 것은 생명과 진실한 사랑과 좋은 글쓰기'라는 말도 있지 않던가.

돈이 있어도 살 수 없는 것이 이렇게 많아서 문제지만, 그 돈을 어떤 방법으로 벌어들였느냐가 더 큰 문제로 대두되고 있는 것이 현실이다.

성실하게 땀 흘린 대가(代價)라면 몰라도, 그렇지 못할 때는 대부분 범죄에 속하기 때문이다. 어쩌다 법과 양심을 무시하고 악덕한 수단으로 모은 돈일수록 언젠가는 큰 화근을 불러오기 마련이다. 더구나 그런 방법으로 지나친 화려함까지 누리다가는 그것이 드디어 큰 폭발물로 둔갑할 수도 있다. 그 규모의 크기에 따라 온 나라가 흔들리기도 한다.

그러나 양심에 한 점 거리낌 없이 깨끗하고 성실하게 벌어들인 돈이야말로 탈이 날 리가 없음은 당연한 이치다. 그러니 주어진 형편에 따라 순리대로 깨끗하게 살아가는 것이 상책일 터. 그런 가운데서도 여유가 있으면, 차라리 불우한 이웃이나 도우며 살아가면 얼마나 떳떳하랴.

그러니 돈에 대해서만은 지나친 욕심일랑 버리고, 순리에 따르는 것이 마땅하겠지만, 사람에 따라서는 크고 작은 욕심들이 있어서 결코 쉬운 일은 아니리라.

한때 공직에 있을 때 같이 근무했던 후배를 최근에 만난 적이 있었다.

"선배님 감사합니다. 퇴직을 앞두고, 선배님께서 주신 말씀 때문에 저는 지금까지 노후생활이 무난한 편이랍니다."

"내가 그때 무슨 말을 했던가?."

"퇴직 연금만은 어떤 유혹이 있어도 일시에 전액을 수령하거나, 축내지 말아야 안전(安全)한 노후대책이 보장될 수 있다고 신신당부를 하셨습니다. 그런데 그때 같이 퇴직한 친구들은, 이자를 많이 준다는 사(私) 금융단체의 말을 믿고 퇴직연금을 몽땅 찾아서 맡긴 겁니다. 한동안 다달이 높은 이자를 받으며 여유로운 생활을 누리는 듯하더니, 1년도 채 지나지 않아서, 그 사금융단체는 행방불명이 되어버렸습니다. 그런 변을 당한 친구들은 지금 심히 곤궁(困窮)한 생활을 면치 못하고 있답니다. 그때 저도 선배님의 말씀을 귀담아듣지 않았더라면 틀림없이 그 친구들과 같은 신세가 되고 말았을 것입니다."

후배들에게 그런 조언을 할 수 있었던 것은 나름대로 체험의 결과였다. 시장 선거 비용으로 연금의 반액을 일시에 미리 찾아 써버렸고, 시장 임기만료 후, 나머지 반액의 연금으로 넉넉하지 못한 생활을 하던 처지라, 그런 당부를 했던 것 같다.

공직자 중에서도, 지나친 욕심으로 부조리에 얽혀 불행을 당하는 자의 초췌한 모습은 얼마나 처량해 보이던가. 차라리 그 자리를 누리지 않았던 것보다 훨씬 못한 결과가 되고 만 것을 흔히 보아 왔으니 말이다.

그런저런 생각을 하다 보니, 돈으로 살 수 없는 것 중에서도 가장 어려운 것은 역시 지나친 욕심을 버리는 것이라고 생각되었다.

어쩌면 욕심을 버리는 것만큼 행복할 수 있으니까.

제2부
남을 돕는 축복

남을 돕는 축복

남을 돕는 사람은 대부분 대가를 바라고 남을 돕지는 않지만, 살아가면서 더러 큰 복을 받는 사례를 찾아볼 수 있다.

제법 오래된 이야기이지만 1977년 이리 역 폭발 사고가 있을 때의 이야기다. 그때 마침 역 부근 '삼남극장'에서 당시 인기가수 하춘화 쇼가 있었다. 입추의 여지가 없었던 극장이 인근 '역(驛)' 폭발과 함께 화재가 발생하여 일순간 아비규환이 되어버렸다. 그 아수라장에서 무대의 주인공 하춘화를 목숨 걸고 구출한 사람이 있었다. 그 사람은 당시 보조사회를 맡았던 이주일이었다.

이러한 미담이 널리 알려지자 이주일은 인기 개그맨에다 유명한 사회자가 되었으며, 뒤에 정치에 입문하여 당당히 국회의원까지 누렸던 것이다.

이와 비슷한 예는 더러 있지만, 여기서는 한 가지만 더 소개하기로 한다. 밤무대 무명가수 김흥국의 이야기다. 수입이 적었던 그가 심장병 환자를 도운 이야기다. 그 환자는 정아라는 소녀였다. 그 소녀를 위해 만든 노래가 <정아>다.

어느 날, MBC-TV ≪인간시대≫에 이런 사실의 주인공 김흥국이 널리 소개되었다. 그 후 <호랑나비>가 히트하여 일급 스타로 변신한 예도 있다.

우리 주변에는 예나 지금이나 도움의 손길이 필요한 불우한 이웃들이 있다. 그래서 나도 민선 시장 부임 초부터 불우한 세대 조사부터 서둘렀다. 조사 결과, 노령 독거노인들이 많았다. 상상할 수 없었던 일이었다. 왜냐하면 그런 노인들은 생활보호법에 의하여 이미 정부의 보호를 받고 있는 터라, 대상자가 될 수 없었기 때문이다. 그런데 예상하지 못했던 문제 때문이었다.

독거노인이라도 호적상 슬하에 자식들이 있으면 이 법에 해당되지 않아 보호받지 못하는 경우였다.

심한 경우는 자식들이 5명이나 성가하여 객지에 사는데도 노부모를 아무도 돌보지 않아 걸인과 비슷한 생활을 하는 분도 있었다. 불효하는 자식들이 원망스럽기는 하지만, 그렇다고 이 딱한 현실을 보고도 차마 외면할 수가 없었다. 그래서 법에 해당되지는 않지만 부득불 그 노인들을 도우기로 했다.

시민 중에 행정력으로 큰 애로를 해결해 주었을 때, 드물게나마 사례금이 주어졌을 때, 그것을 모아서 도와 보았으나 너무도 소액이라 별 도움이 되지 못했다. 그런데 사업가들이 특혜를 바라며 주는 청탁금도 있었으나 불법이어서 절대로 받지 않는 것을 원칙으로 하였고, 혹시 직원 중에 그런 사례가 나타나면 철저히 조사하여 즉시 징계 파면 조치까지 하던 때였다. 그런데 그렇게 엄격하게 청탁금을 주고받지 못하도록 감독해온 나였지만, 청탁금을 받지 않고 거절해도 억지로 팽개치고 가다시피 하는 이가 있을 때가 있다. 그러면 그 돈은 불우이웃돕기 성금창구에 입금하고, 영수증을 우편으로 발송했다. 그러면 그 청탁금은 불우이웃돕기 성금이 되고, 그 청탁자는 연말 세금 정산 때 세액에서 공제 혜택을 받게 되는 것이다. 그러니 당사자의 입장에서는 그냥 손실되지 않는 금액이었다. 그런 사실이 사업가들에게 알려지자, 청탁 효력이 없는 탓에 청탁금도 차츰 줄어들었다. 그 대신 일반 공직자들이 시장의 처신대로 권유를 받아들여 더러 따라주었기 때문에 불우이웃돕기 성금이 증액되어 근근이 목적을 달성할 수 있었다.

그런데 문제는 부양 의무가 있는 자녀들이, 독거 노부모의 생계보장을 외면하는 것이 문제였다. 그런 불효가 자기 자식들에게도 나쁜 본보기가 되어, 자기도 노인이 되면 같은 신세가 되지 않을까 싶었다.

이렇게 불효자들이 외면했던 부분까지 본인이 약간 커버했더니 그 복이 나에게도 더러 미치는 것 같았다.

2차에 걸친 임기를 다 마치고 퇴임한 후, 뜻밖에 마산의 창신대학에서 통영에 캠퍼스를 설치하면서 나더러 그 캠퍼스의 책임을 맡아 달라고 했다. 그래서 70대 후반까지 8년간 부학장으로 있으면서, 적당한 봉급으로 노후생활에 지장이 없었다.

그 후로는 슬하에 있던 딸과 아들이 각각 성가하여 나름대로 보호해 주기 때문에 여생을 큰 고통 없이 지내고 있다. 이것도 어쩌면 불우한 독거노인들을 도운 축복이 아닐까 싶다.

그러니 어려운 가운데서도 남을 돕고 산다는 것은 인간만이 누릴 수 있는 얼마나 큰 축복이랴.

철부지의 눈물

군에 입대하여 신병 훈련을 마치고 나서, 일선 부대에 배치되어 두 번째 휴가를 가게 되었다. 영하 30도의 추위와 싸우면서 무전통신교육에 열중하다가 휴가를 받은 사병들은 모두 정다운 가족의 모습을 떠올리면서 고향으로 달리는 발걸음이 가볍고 신이 났다. 나도 그들 틈에 끼여 춘천에서 군용열차를 탔다. 밤을 새워가며 달리는 열차가 서울을 거쳐 남해안에 가까워질수록 나의 마음속에는 무거운 그림자가 서서히 드리워지기 시작했다.

어릴 때, 어버이를 여윈 서러운 외톨이의 고향은 이미 따스한 정이 식은 타향이던 것을……. 첫 휴가를 고향마을 숙부댁에서 지내다가 귀대(歸隊)할 때였다. 숙부는 몇 푼의 차비를 조카에게 쥐여주었다. 그때 숙모의 차가운 시선이 새삼 떠올랐다. 그래서 두 번째 휴가를 출발한 것이 후회막급이었다. 그러나 달리는 열차를 되돌릴 수도 없었다.

찻길 뱃길 합하여 하루 밤낮의 여독에 지친 몸으로 그리웠던 섬마을 가장 가까운 혈육의 대문을 두드렸을 때, 예상했던 대로 조카의 문안 인사조차 묵살되는 분위기에 다리가 휘청거렸다. 그보다 더 낭패스러웠던 것은, 한 가닥 정의 끈인 숙부께서 장기 출타 중이라는 것이었다.

파도처럼 밀려오는 고독을 스스로 달래면서 친척집들을 전전하다가, 귀대 일자를 맞게 되었다. 그러나 귀대할 여비 마련이 문제였다. 나룻배를 타려고 바닷가로 내려오면서, 텅 빈 호주머니를 확인하는 순간 아찔한 현기증을 느꼈다.

여비 한 푼 없이 나룻배로 큰 섬에 건너가 여객선 부두에서부터 당장 승선을 거절당하는 것부터, 통영에서 부산까지, 또 부산에서 서울을 거쳐 춘천까지 어떻게 갈 수 있는 방법이 없었다. 그래서 내려오던 길가에 앉아 마음속으로 '아버지! 어머니!'를 부르며 울부짖었다. 이대로. 귀대를 포기하면서 탈영할 수도 없고, 기껏 생각해 낸 것이 나룻배를 타고 가다가 깊은 바다쯤에 이르면 그 바다에 뛰어내려 생을 마감하는 방법뿐이었다. 마냥 즐거웠어야 할 휴가가 이렇게 낭패스럽게까지 될 줄은 몰랐다. 아쉬운 배웅의 눈길 대신 외면의 설움을 누르며 눈물을 훔치고 바닷가로 내려가, 남 보기에는 태연한 척 나룻배를 타게 되었다.

나룻배는 나를 포함한 10여 명의 손님을 실은 채 저만치 떠나고 있었다. 바로 그때, 마을 뒷산 언덕에서 "오빠!" 하고 울부짖으며 천방지축 뛰어 내려오는 열세 살 된 어린 사촌 여동생 모습이 젖은 시선에 어렴풋이 나타났다. 나룻배 사공은 무슨 영문인지는 몰랐겠지만 뱃머리를 출발지점으로 되돌려주었다.

위태롭게 뛰어내려 오는 그 아이도, 나와 비슷한 처지인 조실부모한 고아로서 일곱 살 때부터 숙모님의 시중을 들어 가냘픈 손마디가 거칠었고, 총명한 까만 눈은 학교의 문턱마저 까맣게 잊고 사는 불쌍한 아이였다.

오빠가 귀대하는 날 아침, 숙모님 대신에 동리 아주머니들을 찾아다니며 돈을 빌리기 시작했다. 그러나 누군들 그 철부지에게 선뜻 돈을 빌려주는 아주머니는 없었다. 그러자 울부짖으며 우리 집에 많은 동백나무에서 그 씨가 떨어지면 그 씨를 주워서 팔아 갚겠다며 돈을 빌려달라고 울부짖으며 애원해서 어렵게 빌린 몇 푼의 돈을 손에 꼭 쥐고, 뱃머리를 향하여 달렸던 것이다. 눈물범벅이 된 아이는 따스한 형제의 정을 건네주고는 바위에 주저앉아 외로운 오빠와 자신의 불쌍한 처지를 슬퍼하며 파도처럼 흐느꼈다. 가슴 깊이 와 닿는 갸륵한 정의 전율을 느끼며 터지는 설움을 참을 수 없었다. 두 고아의 가엾은 눈물을 보고, 나룻배의 일행도 모두 측은해하며 눈시울을 적셨다. 바다 저쪽 갈매기들도 같이 울어주었다….

다시는 휴가를 오지 않으리라 다짐하면서 억지로 눈물을 삼켰다.

이렇게 해서 나의 낭패는 모면케 되고 잠시 작심했던 몹쓸 생각을 접게 되었다. 그 여동생의 온정이 아니었으면, 나는 그 때부터 이 세상에 존재할 수 없는 처지가 되었을 것이다.

그 어린 것이 사생결단하고 기어코 오빠의 생명을 구한 행복의 꽃을 피워내고야 말았다.

결국 이 나라 군인의 생명 하나를 건진 셈이다.

그런데 철부지 여동생의 소중하고 따스했던 정의 씨를 부지런히 나누어 심지 못한 데다, 그 여동생에게 흡족한 보답을 못한 이 숙제는 어찌면 좋으랴! 그 철부지도 이미 예순의 나이로 유명(幽明)을 달리하고 말았으니….

한편 숙모의 형편도 어려운 사정을 깊이 이해하지 못하고, 무조건 서운했던 마음이 잘못된 것 같다. 그때만 해도 나라 전체의 경제도 매우 어려운 때인 데다, 슬하에 친자식 5남매가 있는 터에 부모 없는 조카 둘이 더 보태어졌으니 어찌 할 바를 모르지 않았을까 싶다.

고아인 조카를 보살핀 정성

조국광복과 6·25전쟁을 거치며 가난했던 시절, 한겨울 밤바람은 유난히 차가웠다. 진눈깨비까지 몰아치는 날이면 가난의 부피만큼 스산한 냉기에 속수무책으로 떨어야만 했다. 군불을 지피지 않으면, 이불을 아무리 둘러써도 한기를 떨쳐낼 수 없었기 때문이다. 어쩌다 군불을 지피게 되는 날이면, 아랫목의 따스하고 포근함은 가히 천국이 아니던가.

요즈음은 군불을 지필 수 있는 부엌 아궁이조차 찾아보기 힘들고, 난방시설이 너무 잘 되어있어서 스위치 하나만 누르면 웬만한 추위는 문제없이 해결되는 세상이 되었다.

1960년대까지만 해도 시골은 물론 도시 변두리까지 모두 군불을 지피고 살았다. 그때는 뒤란에 쌓인 땔감의 부피로 가세(家勢)를 짐작했다. 새벽 장에 제일 먼저 등장하는 것도 장작더미를 실은 짐수레였지만, 가난한 사람들은 쳐다보지도 못했고, 겨우 부녀자들이 이고 온 솔가리 한 단만 들여가도 서민들의 얼었던 마음을 녹이는 데는 충분했다. 장작이든 솔가리든 군불을 지펴서 따스해지기는 비슷하지만 솔가리를 때는 집일수록 정이 더 따사로웠던 것을 느끼지 않았던가. 가난한 한(恨)이 불쏘시개 역할이라도 하였던가 보다.

지금까지도 어쩌다 텔레비전 드라마에서 옛날 군불 지피는 장면이라도 만나면, 내 가슴 깊이 타고 있는 또 다른 군불의 불씨와 연결된다.

고등학교 다니던 시절이었다. 시내 달동네에서 사글셋방을 얻어 자취하고 있었다. 집안 형세(形勢)로 보아 유학할 처지가 못 되었지만, 본가가 외딴 섬마을이어서 통학이 불가능한 탓에 무리(無理)를 했다. 석유풍로로 끼니 해결하는 것도 어려운 처지인지라 군불을 지피는 것은 상상할 수도 없었다. 영하의 추위에는 이불 속에서도 저절로 새우처럼 웅크리게 되었다.

그런 추위가 계속되던 어느 날 밤, 나의 자취방 부엌에도 드디어 군불 지필 장작뭉치가 쌓였다. 갑자기 땔감 부자가 된 기분이었다.

일찍 고아가 된 나의 유일한 보호자인 숙부께서는 조실부모한 조카가 객지의 자취방에서 추위에 얼마나 떨고 있는지 걱정이 되었던 것. 그래서 군불 지필 땔감을 장만하였다. 나무를 자르고 쪼개고 말려서 묶는 것까지야 약간의 성의만 있으면 아무나 할 수 있는 일이다. 그러나 손바닥만 한 조각배에다 그 나무를 싣고 얼어붙은 밤바다를 다섯 시간도 넘게 노를 저어 통영항까지 오는 일은 여간해서 엄두 내지 못할 일이다. 숙부는 겨울바람이 휘몰아치는 파도를 헤치고 손발이 시려도 가슴이 얼어도 정(情)의 불씨 하나를 다독거리면서 노를 저었다. 바람 소리, 파도 소리가 어우러진 캄캄한 바다에서 노에다 물을 감아 당기고 밀 때마다 무슨 생각을 하였을까. '형님이 남기고 간 기출(己出) 하나 남부럽지 않게 키워 보리라'고 다짐만 하였을지도 모른다. 까마득한 육지를 향해서 수천 번의 다짐과 수만 번의 기원을 되풀이하였으리라.

밤중이 가까워서야 불빛이 환한 항구에 도착하였고, 또 비탈진 달동네 자취방까지 장작뭉치를 날랐다. 싸늘한 아궁이에 장작을 한입 물려 불을 지펴 주고는 다시 섬마을을 향하여 선걸음에 출발하였다.

그날 밤은 방이 따스했는데도 잠이 오지 않았다. 숙부의 가슴속에서 은근히 타고 있는 정(情)의 모닥불이 나에게로 옮겨와 석유를 끼얹은 듯 활활 타오르는 바람에, 나는 감기도 아닌데 신열로 떨고 있었다. 그때 벽에 붙었던 일과표를 떼어다가 잠자는 시간을 줄여서 다시 그려 붙인 기억이 지금도 새롭다.

그날 이후, 그 장작개비로 군불을 지피지 못했다. 차마 태워버릴 수가 없었다. 그저 쳐다만 봐도 흐뭇하고 따스했으니까.

그런 연유로 나의 가슴에는 불씨 하나가 생겼다. 그 불씨는 지금까지도 꺼질 줄 모른다. 나이 들수록 더욱 선명해지고 뜨거워지는 느낌이다. 그 열기 때문에 일찍부터 설움덩어리의 외로움도 눈물도 녹아버렸다. 그런 불씨를 안고 살아오는 동안 세상도 많이 변했다.

이제 솔가리를 땔감으로 쓰던 시절은 먼 옛날이야기다. 아무리 가난해도 대부분 보일러다. 그렇게 편리해질수록 정의 불씨는 붙을 곳이 없다. 어지간한 은혜쯤은 팽개치기 바쁘고, 나 하나만 편안하게 즐기면 그만인 세상이 되어버린 듯하니….

나 자신도 그런 세정(世情)에 물들었음인지, 가난과 외로움에 떨고 있는 다른 가슴들을 착실히 보살피지 못하고 살아왔으니, 숙제를 풀지 못한 어린 학생들처럼 가슴이 답답할 뿐이다.

한편 집안 사정이 그렇게도 어려운 터에 조카를 객지에 유학시키기 위하여, 생명 같은 토지 일부를 매각하였으니, 그 공을 어떻게 보답하랴.

그때 만약 숙부의 그런 알뜰한 보살핌이 없었더라면, 고아의 처지에서 그 가난한 시절을 거치면서 어찌 장차 일개 자치단체를 보살피는 시장까지 되었으랴. 그대로 두었더라면 뚜렷한 삶의 목표 없이 궁핍한 처지에서 벗어나지 못했을지도 모른다.

행복이란 누군가의 지극한 사랑과 피나는 노력 없이는 이루어질 수 없다는 것임을 증명하고도 남는다.

보물인 진주가 탄생되기까지

오래전에 한산섬에 있는 진주 양식장을 둘러볼 기회가 있었다. 분홍색 부표(浮漂)들이 여러 줄로 정연하게 수 놓여 있고, 녹음이 짙은 또 하나의 산이 바다에 편안하게 누워 있었다.

배의 엔진 소리가 바다의 고요를 깨뜨리면서 선창에 닿자 진주 양식에 일생을 바쳐 온 김 사장이 우리 일행을 맞아 안내를 해 주었다. 이분이 진주 양식을 시작한 지 25년이 되었는데, 그중 20년은 실패만 거듭하는 허탈의 나날이었다고 한다.

진주 씨를 잉태시키는 시술실에 들어서니 벽면에 '정숙'이라는 큰 글자가 분위기를 조용히 감싼다. 10여 명의 젊은 남녀 시술사들이 탁자 앞에 앉아 정성스레 조개 수술을 하고 있었다.

진주의 씨를 심을 조개는 3년생인데 사람으로 치면 꽃다운 나이라고 한다. 건강한 조개는 생식소의 수술이 어려우므로 수술하기 5개월 전부터 일부러 죽지 않을 정도의 햇볕 충격을 주어서 허약한 체질로 만든다는 것이다. 기진맥진한 조개를 생식소의 벽을 가르고 진주 핵이라는 이물질을 집어넣는다. 이것이 진주조개 아픔의 시작이다.

수술을 마친 조개는 임산부를 다루듯 보름 동안 요양을 시킨 후 채롱에 넣어 바다 뗏목에 매달게 된다. 수술 자국이 아물고 나면 조개의 자궁 안에 들어온 이물질인 핵과 또 싸워야 한다. 어둡고 아프고 고통스러운 비탄 속에서 몸부림칠 때마다 이상 분비물이 생기고 그 분비물이 핵을 서서히 둘러싸게 되면 엷은 진주층이 한 겹씩 쌓이게 된다. 밤하늘의 달과 심해의 어둠이 만들어 낸 역설의 광채. 그래서 진주는 인어의 눈물방울이라 했던가. 이런 시련을 2년여 견디는 동안 그 밑에 달린 수많은 진주조개의 신음이 지금도 들리는 듯하다.

진주 양식을 하는 바다는 깨끗하고 잔잔해야 영양이 풍부하고 계절과 관계없이 늘 푸른 산그늘이 드리운 곳이라야 한다. 거센 파도가 몰아칠 때나 지나다니는 배의 기관 소리에도 놀라서 분비물이 잠시 멎게 되므로 진주의 면이 고르지 못하고 좋은 색깔을 낼 수 없다는 것이다. 이런 것을 다 방지하려면 밤낮이나 비바람을 가리지 말아야 한다. 보살피는 정성이 조금만 모자라도 귀찮은 기생물이 잡초처럼 돋아나고 해적 생물까지 붙어서 아픈 조개를 더 괴롭힌다고 한다. 바다 밑에서도 완전히 평온한 영역은 없는 것 같다.

그러다가 태풍이 한번 바다를 뒤집어버리면 지금까지의 보살핌도 물거품으로 돌아간다. 이럴 때는 전부를 버리고 다시 시작해야 한다. 이렇듯 한 알의 신비로운 진주를 탄생시키려면 아이를 키우듯 애정과 정성을 다 쏟아도 모자란다고 했다.

좋은 진주는 구슬 모양의 완전한 원형으로 결이 없이 매끈하고 고와야 한단다. 색깔도 백색, 은백색, 황색 등 여러 가지이지만, 핑크빛에 가까울수록 좋고, 그것도 바다 빛이 안개처럼 은은하게 섞이면 더욱 좋다고 한다. 퍽 드물기는 하지만 보는 사람의 시각과 주위 환경에서 반사되는 빛에 따라 각각 다르게 보이는 신비한 색깔일수록 최상품이라고 했다.

배를 타고 돌아오면서 진주를 통해서 인생을 곰곰이 생각해 보았다.

이런 보물 하나가 태어나는데도 조개의 아픔은 얼마며, 관리자의 끝없는 고통은 얼마이던가. 이런 고통과 아픔 없이는 그 귀한 보물 하나도 태어날 수 없듯이, 우리가 바라는 행복도 어찌 예사롭게 안길 수 있으랴 싶었다.

헌신과 보람의 꽃

시들지도 않고, 꺾을 수도 없는 꽃이 있다면, 그것은 일생을 바치면서 헌신으로 피워낸 꽃이 아닐까 싶다. 그런 귀한 꽃을 찾아 세월을 거슬러 올라가본다.

60년대 초의 어느 날 신문에, 「미감아(未感兒)는 어디로 가나」라는 제목의 신문기사를 본 당시 23세의 처녀 김경련은 마음에 폭풍이 일어난 것 같은 충격을 받았다. 감전(感電)이라도 된 듯 중대한 사명감이 설레었다.

나환자의 몸에서 출생했다는 이유 하나만으로 부모로부터 강제 분리되고, 일반인으로부터도 격리 수용당해야 하는 미감아들. 아무도 가까이하기를 꺼리는 그들은 추위와 배고픔과 목마

름에 시달려야만 했고, 아무리 울어도 그 울음조차 들어주는 사람이 없었다. 그러나 김경련 처녀의 귀에는 환청으로 뚜렷하게 들려왔다. 누군가가 그들의 눈물을 닦아줄 위로의 손수건을 쥐여주는 듯도 했다. 그런 자극으로 미감아들을 위해 한목숨 바칠 것을 결심하게 되었던 것이다.

그날부터 작업복 두 벌을 달랑 챙겨들고, 신문에 보도된 '영심원'을 찾아갔다. 그리하여 외딴 초가집에 누더기를 걸치고 짐승처럼 꾸물거리는 열두 명의 아이들을 만난다. 형색은 걸인 같으나 눈빛만은 모두 천사였다. 그들을 만나는 순간부터 어머니 역할이 시작되었다.

우선 세 개의 방을 구분해서 사용하기로 했다. 하나는 남자아이들의 방, 또 하나는 여자아이들의 방, 나머지 제일 작은 것은 자신의 방으로 정했다.

첫날부터 빨래며, 아이들의 목욕, 보리 방아를 찧어 밥 짓기, 찬 만들기, 땔감 마련하기, 양식 구하기 등 앞이 캄캄했다. 잠시도 허리 펼 틈이 없었다. 혼자서 감당해 내기 어려운 형편인데다, 교사 역할까지 겸해야 했다. 미감아는 그 당시 일반학교 등교를 거부당했으니 어쩔 수 없는 노릇이었다.

또 아이 중에는 병치레가 잦은 아이도 있었는데, 밤중에 아픈 아이를 업고 멀리 있는 병원을 찾아 뛰는 것은 또 다른 큰 고역 중의 하나였다. 그 당시는 다른 방법이 없었으니 어쩌랴.

이런 갸륵한 소식이 세상에 알려지자 미국의 어느 노파(老婆)를 비롯한 독지가의 출연(出捐)으로, 풍광이 아름다운 통영 바닷가에다 현대식 건물을 짓고 '신애원'이란 명칭으로 복지시설 등록을 할 수 있었다. 한때 미감아가 70여 명까지 달한 때가 있어 중학교 과정까지 운영하게 되었다. 그렇게 벅찰 무렵, 뜻을 같이하는 강두삼 청년이 나타나 적극 도와주었다. 오랫동안 일을 같이하다가 뜻이 맞아 결혼까지 하기에 이르렀다.

어느덧 세월은 흘러 미감아 세계에도 변화가 일어나기 시작했다. 새로운 미감아가 현저히 줄어들었다. 나환자촌에도 젊은 세대는 없고 고령만 남았기 때문이었다.

그래서 70년대 중반부터 새로운 사업을 추가하게 되었다. 미자립 모자세대가 자립의 기반을 마련할 때까지 3년간 기초생활을 보장해주는 사업이다. 정부 지원을 받았으며, 시설 정원은 20세대(65명)다. 이제 정상적인 체제로 큰 어려움 없이 운영되기 시작했다. 그 운영의 중심에는 남편께서 늘 열심히 지켜주고 있었다. 그리하여 지금은 수만 평의 대지 위에 교회를 비롯한 필요시설이 확충되었으며, 25억 재단의 튼실한 복지시설로 자리 잡았다. 그리하여 이제는 아들에게 원장을 물려주고 지켜보고 있다.

그러는 동안 23세였던 김경련 처녀는, 팔순도 훨씬 넘은 노파가 되었지만, 보람의 향기 속에서 조용히 여생을 보내는 한 송이 행복의 꽃으로 남았다. 일생을 다 바쳐서 불우한 이웃에게 참사랑을 준 헌신의 삶이 어디 그렇게 흔한 일인가?

자신들만의 안일을 위해서 극악(極惡)에 처한 부분도 더러 있는 이 세상에서, 이보다 더 아름다운 헌신과 보람의 꽃이 또 어디에 있을까 싶다.

따스한 손길

나는 적십자정신을 생각할 때마다 '마더 테레사' 수녀를 떠올리게 된다. 그녀는 가톨릭 수녀로서 노벨 평화상을 받은 분이다.

어느 날 그는 인도 콜카타시의 혼잡한 인파 속을 가다가 도로 옆에서 가느다란 신음과 함께 움직이는 물체를 발견했다.

수많은 사람이 그냥 지나쳐 버리는 틈에서 걸음을 멈추고, 허리를 굽혀 살펴보았다. 쥐와 구더기에게 시달려 의식을 잃은 한 여인이 하수구 쪽에 쓰레기처럼 버려져 있었다.

수녀는 그 여인을 자기 숙소로 데려다 목욕을 시키고, 옷도 갈아 입혔다. 이 여자가 입가에 감사의 미소를 띠며 숨을 거둘 때까지 부드럽게 안고 있었다.

이 사건이 널리 알려져, 버림받은 자들의 성녀로 불리게 되었다. 그런 동기가 노벨 평화상까지 연결되었는지도 모른다.

이처럼 사랑은 너와 내가 하나 되고, 나라와 나라가 하나 되는 힘을 갖는다. 우리가 추구하는 박애 · 봉사 · 평화는 온 인류가 지향하는 공통 이념이며, 인간이라면 다 함께 추구해야 할 거룩한 정신이다.

그러나 안타깝게도 최근에 우리 주변을 비롯한 세계 도처에서 숭고한 적십자정신에 배치되는 불행한 사태가 빈발하고 있으니 큰일이다. 이들이 하루속히 이성을 되찾아 적십자정신으로 복귀하기를 간절히 바라마지 않는다.

아무리 어려운 고비가 있어도 적십자의 따스한 손길이 가는 곳마다 사랑의 꽃이 필 것이다. 봉사의 깃발이 휘날리는 데마다 희망의 물결도 도도히 넘칠 것이 아닌가. 그렇게 되면 적십자정신은 지구 끝까지 영원하리라.

이 지구촌에 항상 그 숭고한 적십자의 깃발이 힘차게 펄럭이기를 기원하는 바이다.

봉사자의 자세

규모가 크든 작든 사회의 모든 단체는 지도자가 있기 마련이다. 사람들이 보기에는 지도자이나, 당사자는 성실한 봉사자라고 생각하고 활동하는 것이 마땅하리라 생각된다.

시장 재직 중의 경험을 떠올려 본다.

취임 초기에는 시정(市政)을 위하는 마음만 있으면 모든 것이 무난할 줄로 알았다. 그런데 어쩌다 보니 자신도 모르는 사이에 시민의 아픔을 생각하기보다는, 자신의 목표와 만족만 좇기에 급급한 적도 있었다. 그래서 시민들로부터 지탄을 받기도 했다.

그때 나는 더 확실한 봉사자가 되기를 작심했다. 불평이 있어도 목표가 시민에게 확실한 유익이 되면 적극 이해시키면서 추진하고, 그렇지 않고 이유가 상당하면 가차 없이 중단했다.

그러면서 다음과 같이 두 가지 봉사자가 되기를 작심하고 업무를 추진했다.

1. 발 같은 봉사자

인체(人體)가 바로 섰을 때 가장 낮은 곳에 위치하면서, 좋고 나쁜 곳 가리지 않고 제일 먼저 들어가야 하는 지체(肢體)가 발[足]이다.

그렇게 묵묵히 봉사하는데도, 얼굴처럼 특별히 다듬어주거나, 그 가치를 인정받지 못한다.

그런 구체적인 예를 보면, 올림픽 마라톤에서 금메달리스트가 골인할 때까지 발바닥에 불이 날 정도로 두 시간 넘게 뛰어야 한다. 그러나 수상식에 오를 때에는 발은 신발 안에 숨겨진 채, 얼굴을 비롯한 몸 전체가 조명(照明)받고, 메달은 별다른 공로가 없는 목에 걸린다.

이렇게 발은 어떤 경우에도 그 고통을 받은 만큼 주목받지 못한다. 그래도 얼굴처럼 불만을 표시하거나 억울해하는 표정을 짓지도 않는다.

또 발은 하나가 아니고, 몸의 양쪽을 버티고 있는 둘이라는 데서 더 큰 의미가 있다. 즉 양쪽 발이 한마음으로 협동할 때만이 그 성과가 놀랍기 때문이다.

둘이 힘을 합하면 두 배가 되어야 하나, 상황에 따라서는 세 배, 네 배, 혹은 열 배 이상의 효과도 나타날 수 있음을 흔히 볼 수 있다.

그런데 우리 생활 주변의 단체 중에는 '내노라 하며 헛발질 하는 자가 더러 나타나는 것이 현실이다. 그러다가 얼굴의 입처럼 교만과 시기와 비난과 중상모략 등의 길로, 발도 같이 닮아갈까 걱정스러웠다.

발까지 그렇게 되면, 그때엔 우리는 무엇을 닮아야 하며, 말없이 충실한 봉사와 겸손은 어디서 배워야 한단 말인가.

지나친 욕심 같지만, 우리는 모두 발 같은 봉사자가 되어, 만세에 으뜸가는 훌륭한 대한민국을 만들었으면 싶었다.

2. 협동하는 봉사자

봉사자들이 협동했을 때 놀라운 위력이 나타나기 마련이리라.

협동의 원리는 사람 「人」자니 두 획이 서로 기대고 서 있는 것을 보여주고 있다. 두 사람이 힘을 합하면 두 배가 되어야 하나, 때와 상황에 따라서는 몇 곱절의 효과가 나타날 수 있을 것이다. 그런 사실을 뒷받침할 수 있는 예는 칭기즈칸의 유언에서도 찾아볼 수 있다.

그는 임종을 앞두고 아들들을 불러 모아서 각자 화살 하나씩을 가져와 부러뜨려 보라 했다. 모두 큰힘 들이지 않고 부러뜨렸다. 그랬더니 이번에는 성한 화살을 다시 하나씩 가져와서 한데 묶어서 꺾어보라 했다. 그런데 이번에는 아무도 꺾지 못했다. 그때 칭기즈칸은 유언을 남긴다.

"바로 이거다! 너희가 뿔뿔이 흩어지면 저 부러진 화살처럼 되고, 굳게 뭉치면 아무도 너희를 해칠 수 없다."라고 하는 유언은 지금까지도 온 세상에 회자되고 있는 유명한 말이다.

그러나 협동은 말처럼 쉽지 않다. 각자가 양보할 줄 모르고, 자기주장을 굽힐 줄 모르면 어려울 것이다.

지금 봉사자 및 앞으로 봉사를 희망하는 자들은 이런 사실을 미리 참고하여 장차 협동하며, 발 같은 봉사자가 되기를 바라는 마음 간절하다.

어떤 보람

영국의 어느 유리공장에서 일하는 열네댓 살 되어 보이는 소년에게 "장래 커서 무엇이 되고 싶으냐?"라고 물었더니 "세계에서 제일가는 유리세공 기술자가 되겠다."라고 하더라는 것이다.

조금도 망설임 없이 대답하는 것으로 보아 목표가 뚜렷한 아이였던 것 같다. 나라의 세포인 어린이들 하나하나가 이처럼 건전한 생각으로 다져진다면 그 나라의 장래는 매우 희망적이라 해도 좋을 것이다.

사람은 누구나 목표가 있어야 하는 법이다. 고등교육을 받은 청년기에 접어들면 구체적이고 뚜렷한 목표가 설정되어야 한다.

일단 목표가 설정되면 이루어내는 수단이 문제가 된다. 그 수단 중에 학력이 다소 작용할 수는 있으나 반드시 일류대학을 나와야 할 필요까지는 없다고 생각한다. 일류가 아니라도 좋고, 형편에 따라서 굳이 대학이 아니면 어떠랴. 자기 능력과 소질에 맞게 세계 제일이 되겠다는 야망과 노력이 있으면 될 것이다.

세계 제일의 유리세공 기술자 말고도, 세계 제일의 운동선수, 세계 제일의 상인이나 실업가가 되기를 원하고, 그것을 이루어내는 것이 보람이라고 믿고 땀 흘릴 때가 가장 인간다울 것이다. 그러나 그 보람은 생각처럼 쉽게 이루어지지 않는 것이 현실이다. 쉽지 않은 그 벽을 허물려면 전력투구(全力投球)하는 방법밖에 다른 길이 없는 줄 안다.

전력투구의 첫째 조건은 시간을 아끼는 습관일 것이다. 오늘이라는 시간은 분명 내일과 다르다. 해가 뜨고 지는 반복 때문에 세월이 늘 그 자리에 있는 것으로 착각하지만, 내일 뜨는 태양은 오늘의 태양이 아니다. 내일은 내일의 태양이 뜰 뿐이다. 목표를 향하여 시간을 아끼는 정신으로 무장할 수만 있다면 이미 반쯤은 달성한 셈이겠지.

전력투구의 또 다른 조건이 있다면 온갖 시련을 이겨내는 끈기가 아닐까(?). 이루고 싶은 목표가 크면 클수록 그 시련 또한 크기 마련이리라. 시련이 크면 보람도 클 것이다. 그러나 성취의 보람이 없는 일처럼 괴로운 일이 또 어디에 있으랴.

시베리아에 가면 세계에서 가장 무서운 형무소가 있다고 한다. 죄수들에게 벽돌 나르기 작업을 시키는데, 벽돌 무더기를 동산처럼 쌓게 하고 다 쌓으면 다른 곳으로 옮기게 한다. 다 옮기고 나면 본래의 자리에 다시 옮겨 쌓게 한다. 이렇게 성취의 보람 없는 일을 단순 반복케 하면 심신이 녹아떨어지게 된다.

그러나 영화 「콰이강의 다리」를 보면 너무 대조적이다.

한때 전쟁 중, 포로가 된 영국군이 적군의 군용열차가 통과할 다리를 가설하는 대목이 나온다. 전쟁 중에 험준한 계곡의 강을 건너는 다리를 가설하기란 쉬운 일이 아닐 것이다.

포로 중에 선임 장교가 병사들 앞에 나와서 이렇게 외친다.

"비록 적을 위한 공사일망정 이것은 우리의 힘으로 건설되는 우리의 다리다. 그것을 우리의 자랑으로 삼자!"

장교의 말에 따라 포로들은 한마음으로 뭉쳐서 땀을 흘렸다. 그렇게 해서 다리를 다 가설하고 첫 기차가 통과하는 순간, 목표를 달성했다는 기쁨으로 터져 나온 환호와 함께 감동의 눈물까지 흘렸다고 한다. 이처럼 보람은 어떤 경우에도 돈으로도 살 수 없는 위대한 가치를 창출한다.

어떤 경우에도 자기가 한 일의 성과를 뒤돌아보아 흐뭇하게 느껴지는 것 이상의 값진 보수는 없을 터. 그러나 그 보람을 위한 목표의 크기는 자기 분수에 맞추어야 하리라.

공작새는 날개를 펴는 데 특성이 있고, 꾀꼬리는 노래하는 데 특성이 있듯 사람도 저마다 특성이 있기 마련이다. 그런 특성을 무시한 채 꾀꼬리더러 날개를 펴보라 하고, 공작새더러 노래를 부르라고 하는 어리석음을 저지르지 말아야 할 것이다.

천 사람의 얼굴 모습이 다르듯 소질이나 취미 또한 다르니 자기 처지에 알맞은 목표를 세워야 함은 두말할 필요가 없겠다. 일단 목표가 정해졌으면 세계에서 제일이 되도록 가꾸어야 할 것이다.

이제 세계는 울타리가 거의 없어진 하나로 개방되었다. 대한

민국 속에 내가 아니고, 세계 속에 내가 설 자리를 찾아야 하는 시대이다. 어부나, 농부나, 상인도 세계 제일이 아니면 살아남기 어렵다.

세계 제일이 되는 것, 이것은 2천 년 대를 살아갈 우리에게 닥친 필연적인 과제이리라.

기러기처럼

맑은 하늘에 무리지어 이동하는 기러기는, 아름다운 질서의 메시지(message)다.

그들은 가을에 시베리아 지방으로부터, 멀리 한국 땅에까지 날아와서 겨울을 지내고 봄이 되면 다시 북으로 떠난다.

먼 길을 오가면서 지키는 질서가 유별나다는 것은 누구나 다 아는 사실이지만, 최근에 와서 왜 그렇게 돋보이기만 할까.

그들은 'ㅅ'자 형으로 대열을 짓고, 뾰족한 부분에서 선두가 안내하는 대로 배치되어 날아간다. 그런 방법이 바람의 저항을 막아주는 역할을 하기 때문이란다. 그래서 각자의 위치를 지키는 데는 한 치의 어긋남이 없다. 그러면서 간혹 소리 내어 선두를 비롯한 동료를 격려하고, 힘든 선두의 자리마저 자연스럽게 교대하면서, 대열을 이끄는 신통한 질서가 일품이다. 그런 요령이 먼 길을 지치지 않고 날 수 있는 비결이라는 것이다.

하찮은 미물의 세계이지만, 그 질서와 협동정신만은 인간세계에 본이 되고도 남으니 그들이 돋보일 수밖에 없지 않은가. 과연 100년의 수(壽)를 누릴 만한 집단이라 할 수 있겠다.

이러한 집단의식과 협동심은 그들의 본능적인 모습이지만, 만물지영장(萬物之靈長)인 인간도 따르지 못하는 자가 많은 것이 문제다. 우선 우리나라의 경우, 유다르게 심한 것 같다. 생활주변에 많은 단체가 있지만, 그중에서 나라 전체와 관계가 있는 단체까지도 마찬가지다.

'∧' 자의 가장 선두에 자리한 지도자를, 기러기처럼 때때로 격려하며 따르기는커녕, 사사건건 온갖 방법으로 공격하고 험담까지 하는 것을 일삼으니, 분위기가 늘 어둡다. 동료들끼리도, 항상 상대편과 힘겨루기를 하면서 공격하기에 바쁘다. 국민이나 나라는 뒷전이고, 내 소속 집단과 자신의 이익만이 최우선이라는 인상을 주고 있다. 이대로 가다가는 언젠가 엄청난 함정을 만날 것만 같아 늘 불안하다. 그런 현상이 짙어지기를 은근히 바라는 주변 강대국과 언젠가 틈만 나면 무력으로 달려들려는 집단의 위기 앞에, 이런 모습으로 어떻게 대결하려는지가 심히 걱정스럽다.

그러나 지금이라도 잘 다듬어진 협동심으로 나아간다면, 크게 문제 될 것도 없을 것이다. 우리는 한다면 기어코 해내는 전통도 있지 않는가. 불과 수십 년 만에 건국을 비롯한 눈부신 경제발전과 민주화를 이루어낸 나라다. 한때 새마을 정신을 앞장세워 5천 년 가난을 물리쳐 세계적인 화제가 되었던 민족이 아닌가.

가난 하나를 기어코 면하기 위하여, 남의 나라 시체(屍體)를 알코올 스펀지로 수년을 밤낮없이 닦아낸 간호사들과 지하 1,000m에서 죽을힘을 다한 젊은 광부들의 눈물겨운 저력도 있었다. 그런 땀과 눈물로 제철소를 만들고, 고속도로도 닦았다.

그리하여 이제 우리도 세계에서 가장 높은 빌딩, 가장 큰 유람선, 가장 빠른 스마트폰도 만드는 나라로 발전했다.

그런데 왜 여기까지 와서, 마치 그 옛날 당파싸움을 방불케 하는 모습으로 변하려고 하는가(?) 한편 과도한 복지정책으로 망한 그리스를 닮으려는지 모를 일이다.

기러기라는 동물의 세계는 본능적으로 단순하지만, 그 단순한 모습에도 미치지 못하는 것이 얼마나 부끄러운 일인가. 인간이기 위해서는 그 단순한 모습에서 무엇인가 깨우치는 창의적인 지성(至性)까지를 보태면 얼마나 든든하랴. 그래서 무조건적인 순종만 할 것이 아니라, 어쩌다 잘못된 지시가 있으면, 차원 높은 대안을 제시하는 방법도 좋을성싶다. 아무런 대안도 없이 무조건 비판과 투쟁만 일삼는다면, 그것은 파괴행위이고, 어쩌면 이적(利敵)행위까지 될 수 있을 터.

한편 선두주자도 자신의 주장대로만 이끌 것이 아니라, 따르는 자들의 소망과 발전적인 편익을 위하여 쓰라린 희생까지도 감수할 아량과 과감한 실천도 있어야 하리라.

부디 기러기보다 차원 높은 단체들이 되기를 바라는 마음 간절하다.

이렇게 나라의 운명을 좌우하는 큰 단체 말고도, 생활 주변에는 여러 모양의 단체가 많은데, 이들도 크게 다르지 않다. 어쩌다 기러기처럼 서로를 격려하고, 보호하고, 아끼면서, 네 탓이 아닌 내 탓으로 알고, 상대방의 입장을 먼저 헤아리며 움직이는 모범 단체가 있는가 하면, 대부분 불협화음이라는 문제를 갖고 있는 단체가 더 많은 것이 현실이니까.

함께 한마음으로 힘을 뭉쳐 바르게 달리면, 지치지 않고 얼마든지 발전적인 방향을 갈 수 있다는 진리를 왜들 외면하는지 알 수가 없는 일이다.

참는다는 것

유대인의 격언 중에 '이 세상에서 가장 강한 사람이 누구냐?'라는 질문에 '자기의 감정을 억제할 수 있는 사람이다.'라는 말이 있다. 자기 감정을 억제한다는 것은 쉬운 일이 아닐 것이다.

순간적인 모욕이나 자극에 대한, 반사적인 공격은 어쩌면 자연스러운 본능일지도 모른다. 나의 성격도 약간 다혈질이기 때문에 참는 것이 무척 어려운 성격이지만 참으려고 노력한 만큼 달라지는 것을 느낄 수 있었다.

시장 재직 시, 한려수도 조망 케이블카 설치 때문에 시민들로부터 욕먹은 것을 합하면 미륵산 높이를 능가할 것 같았다.

이 사업이 통제영 복원사업과 함께 남해안 관광벨트 사업으로 결정되어 사업비의 절반이 이미 국비로 자원된 터였다. 그런데 자연보호 단체가 중심이 되어 '케이블카 반대모임'이라는 별도의 단체까지 만들어 삭발 투쟁까지 하고 나섰다. 시민을 상대로 한 반대서명운동은 물론 불교단체까지 나서서 온갖 방법으로 시위를 해댔다. 반대 이유는 자연훼손과 적자 사업이라는 명분이었다.

그런 것을 방지하기 위해서 미리 세계에서 가장 최신 기술을 보유한 유럽의 우수한 기술진의 도움을 받아, 당초 국내 기술진의 설계를 대폭 수정을 하고 있을 때였다. 왕복 선로 밑에 15개의 지주를 완벽하게 1개로 축소하여 자연훼손을 최소화하고, 기타 시설도 최신 기술로 보완하던 때였다. 그러나 그 당시는 아무리 설득해도 들으려 하지도 않았다. 그래도 참을 수 있는 데까지 참으면서 최선을 다하는 수밖에는 달리할 방도가 없었다.

억지로라도 계속 추진하던 중 나는 임기만료로 퇴임하고, 후임자가 완공하였는데, 영업시작 4년 만에 탑승객 5백만 명을 돌파했고, 그 후 매년 최고 136만 명까지 기록을 남기기도 했다. 그리하여 하루 3백 명을 절대 넘지 못한다는 반대 명분을 뭉개고 매일 평균 4천 명의 탑승 기록을 남겼다. 그리고 세수 증대에도 엄청난 비중을 차지했다. 그때 만약 참지 못하고 사업을 포기했더라면 어떻게 되었을까를 생각해 보면 아찔하다.

순간 '이것까지도 참아야 하느니라.'라는 하나님의 음성이 마음을 스치는 듯했다.

참는 데 대한 옛이야기 하나가 생각난다.

관직을 얻어 임지로 떠나려는 젊은이에게 전송 나온 친구가 말했다.

"벼슬자리에서 일하려면 무엇이든 잘 참아야 하네!"

"명심하겠네!"

"무엇이건 참아야 하네!"

"그래 알았어!"

"몇 번이고 참아야 한다는 것을 잊지 말게!"

"잘 알겠네!"

"참을 수 있는 데까지 참아야 하네!"

"이봐! 자네 날 놀리고 있나? 참아라, 참아라, 도대체 몇 번째인가?"

“거 보게! 참는다는 것이 얼마나 어려운 것인 줄 알았을 거네! 고작 네 번 말했을 뿐인데 자네는 못 참고 만 게 아닌가!”

이렇듯 “참는다. 참는다.” 하면서도 어느 순간 불쑥 화를 내는 것이 보통 사람인 것을 어찌하랴.

그러나 참아야 ‘복’이 있다니, 그 복을 함부로 뭉갤 수는 없지 않겠는가?

제3부

화목한 가정

화목한 가정

핵가족화된 가정에서 자기중심적으로 양육된 현대의 젊은이들은, 더불어 살아가는 이웃을 잘 모르기 마련이다. 부모에게까지도 효도하는 마음이 인색해지고 있다. 이런 추세로 계속되면 머지않아 삭막한 세상이 되고 말 것 같아 안타깝다.

이 세상에서 최고의 도덕은 끊임없이 남을 위한 봉사정신과 그 실천이라고들 한다.

'하나를 베풀면 만 배를 얻는다.'라는 옛말이 있다.

꿀벌이 다른 동물보다 귀하게 여겨지는 것은 부지런하기 때문만은 아니고, 다른 자를 위해서 일하기 때문이라고 한다.

옛말에도 '높은 사람이 되고자 하면 남을 열심히 섬겨야 하고, 으뜸이 되고자 하면 다른 자의 종이 되어야 한다.'라고 했다.

그러니 현대를 살아가는 우리는 남을 위해 봉사하는 칸수는 절대로 줄여서는 안 된다. 늘릴 수 있는 데까지 늘려서, 신나고 복되게 살아야 할 것이다.

옛날에 두 형제가 각각 독립하여 살림을 차렸는데, 형님댁은 항상 웃음이 떠날 사이 없고, 동생 집은 싸움이 떠날 사이 없었다고 하는 이야기가 있다.

동생 생각으로는 아버지가 세상을 떠나면서 형네 집에는 큰 보물을 하나 준 것으로 오해를 하기에 이르렀다.

동생은 형네 집에 그 보물을 찾으러 갔다. 동생이 찾아간 그 순간에도 웃음꽃이 만발하였다.

형이 종아리가 다 나온 반바지를 입고 있는 터라 그 연유를 알아보았다. 시장에서 형이 바지를 하나 사 왔는데, 너무 길어서 아내더러 한 치만 줄여 달라고 했다. 그런데 큰딸이 어머니의 바쁜 일손을 덜어 드리려고 몰래 줄여놓았다. 둘째가 또 언니가 줄인 줄도 모르고, 한 치를 더 줄였다. 어머니는 딸들이 줄인 줄도 모르고 설거지며 집안일을 다해놓고 밤늦게 잠이 오는 것을 참아가며 잠결에 또 한 치를 줄였다.

다음날 바지를 입어보니 반바지가 되고 말았다. 바지는 반바지가 되었지만 서로 수고를 덜어주려는 희생적인 마음씨들이 집안을 환한 웃음꽃을 만들고 있는 것을 동생은 드디어 알아내었다. 그 길로 동생은 시장에 가서 형처럼 긴 바지를 하나 사게 되었다.

그리하여 형님과 똑같은 방법으로 아내에게 말했다. 다음 날 바지를 입어 보았더니 어제 사 온 그대로였다. 추궁을 했더니, 아내는 큰딸을 원망하고, 큰딸은 작은동생을 원망하고, 작은딸은 막내를 각각 원망하다가 형제끼리 싸움이 벌어지고 말았다.

그래서 동생은 형님 댁에서 갖고 있는 별난 보물을 몹시 부러워하며 살았다는 이야기가 있다.

우리 모두 화목한 가정을 만들기 위한 보물을 하나씩 만들어 보면 어떨까. 누구나 조금씩만 희생하고 봉사하면 이런 보물은 얼마든지 만들어 낼 수 있을 것만 같다.

행복을 향한 출발

미혼인 선남선녀는 신선한 꿈과 희망이 부푼 꽃봉오리를 연상하게 된다. 아직 활짝 피지 않아서 즐거운 기대로 바라볼 수 있는 그런 꽃봉오리라서 싱그럽게 느껴지기도 한다. 그러나 인생 여정을 동행할 반려자의 빈자리가 있어 그 자리에 들어서도 좋을 상대를 찾느라 고민도 하고, 때로는 우연한 발견으로 가슴 뛰는 순간도 있으리라.

상대를 스스로 선택해야 하고 자신이 또 선택되어져야 하는 운명이라서 그 일치는 쉽지 않다. 단 한 번의 맞선으로 쉽게 인생 항로를 유유히 떠나도 풍랑을 만나지 않는 다행한 커플이 있는가 하면, 수십 차례의 맞선으로 신중했던 커플도 몇 년 못

가서 실패하는 예가 많다. 아무튼, 부부 인연은 생각만큼 쉽지는 않다.

옛 어른들은 '배필은 운명적으로 다 정해져 있어서 서둘건 없다'라고 하지만, 혼기를 넘긴 한 해 또 한 해를 거듭하는 안달이야 오죽하랴. 서둘다가 실패하는 것보다 차라리 독신으로 남는 것이 나을 것이라는 생각에서 혼기를 놓치는 처녀총각이 최근에 많이 늘어나고 있다.

상대의 선택 기준을 대부분 생활에 불편함이 없는 수준과 용모, 학벌, 문벌을 곁들여 자신을 얼마나 사랑해줄 수 있고, 흡족한 사랑을 받아 행복한 생활을 할 수 있다면 얼마나 좋으랴. 그러나 그것은 너무 지나친 욕심이다. 이러한 욕심 때문에 일생을 불행한 그림자와 더불어 사는 사람을 흔히 볼 수 있다.

배부른 사람이 먹는 밥맛과 배고픈 사람이 먹는 밥맛이 틀리듯이, 빈 터에서 시작하여 차곡차곡 쌓아가는 맛이란 인생을 살맛나게 하는 맛이리라. 땀 흘려 성취한 보람 따라 흐뭇해지는 미소보다 더 값진 것이 어디 있으랴. 그러한 흐뭇함은 부모의 도움을 받아 미리 준비된 풍족한 생활로 출발했을 때는 좀처럼 맛볼 수 없을 것이다.

풍부하게 잘 사는 사람일수록 자살자가 많이 발생하는 것은 바로 이런 이치를 뒷받침해주고 있지 않는가.

부모의 도움 없이 홀로 자립의 터전을 이루었을 때, 얼마나 당당하랴. 그런 정신으로 세파를 헤치면 매사에 자신이 있고 용기가 솟으리라.

처녀의 입장에서는 상대 선택의 기준에서 재산 같은 것은 차라리 제외할 일이다. 새 출발 하는 부부의 가계는 너무 넓고 큰 것보다 오순도순하고 약간은 모자람이 바탕이 되는 것이 오히려 행복하리라 생각된다. 남이 다 이루어놓은 위에서 뒹구는 재미보다 스스로 이루려고 애쓰는 재미가 더욱 값지니까.

재산보다 더 중요한 것은 사랑이다. 받는 사랑에만 기대하는 것은 얼마나 불안하랴. 이럴 때 운명의 열쇠는 상대에게 있기 때문이다. 상대가 사랑해 주지 않으면 모든 것이 끝나는 것은 당연한 이치다. 그러니 이 운명의 열쇠는 내 편에서 가지는 것이 상책일 터. 그렇게 하려면 상대를 선택할 때부터 내가 존경하고 사랑할 수 있는 상대인지에 기준을 두어야 한다.

사랑의 물꼬는 내 것이라야 행복의 강은 마르지 않고 언제나 유유히 흐를 테니까.

부부가 지킬 일

한때 나는 창원지방법원 통영지원으로부터 가사조정위원으로 위촉받아, 가사 문제 소송 사건을 조정하는 기회가 있었다. 그때 피고인들에게 당부했던 '남편이 지킬 일'과 '아내가 지킬 일'을 여기에 소개코자 한다.

남편이 지킬 일

*아내의 생일과 결혼기념일은 축하 분위기를 조성한다.

*가정 경제는 반드시 아내에게 일임한다.

*아내가 만든 음식 중 기호에 맞는 음식이 있으면 반드시 칭찬한다.

*집안일의 중요한 부분은 반드시 의논하고, 혼자 집에서 힘든 일을 했을 때 반드시 위로 격려를 한다.

*아내의 마음에 상처를 주는 행위는 삼가고, 폭력은 절대로 금한다.

*아내가 와병(臥病) 중일 때, 치료에 최선을 다한다.

*재직 중 근무지에서 이탈하였을 때, 반드시 소재를 아내에게 알린다.

아내가 지킬 일

*남편의 생일도 축하 분위기를 조성한다.

*남편을 존경하고 순종하며, 가정을 항상 아름답게 가꾼다.

*남편의 수입 범위 내에서 알맞게 살림을 꾸려나간다.

*남편의 음식 준비에 최선을 다한다.

*가정 화목과 친지들과의 화목을 도모한다.

*모든 일에 자신의 감정을 절제한다.

*남편의 장점이 보일 때마다 칭찬을 아끼지 않는다.

아무쪼록 행복이 꽃피는 가정을 위하여 파이팅!

어머니의 사랑

갓난아기에게 젖을 먹이면서 가만히 내려다보는 어머니의 본능적인 눈빛 이상의 사랑스러운 표정이 세상천지에서 또 어디에 있을까 싶다.

어머니의 사랑에 관한 이야기는 세계적으로 더러 있지만, 여기에서는 독일에서 있었던 이야기를 예로 들어본다. 독일의 어느 신문사에서 독자들에게 현상문제를 냈다.

문제는 '지상에서 제일 아름다운 것은 무엇인가?'였다. 응모자 중 9세 소녀의 답이 당선되었다. 그 대답은 '우리 어머니의 눈'이라고 했다.

사랑이 가득한 표정으로 나를 조용히 지켜보는 내 어머니의 눈동자는 이 세상에서 가장 아름답다는 설명까지 부쳤다.

어머니의 사랑이 무르익은 눈동자는 아름다움 중의 아름다움이요, 깊고 진실한 아름다움이며, 신선하고 경건한 아름다움이라 할 수 있겠다. 그뿐만 아니라 철저하게 베푸는 주체이기도 하니 어찌 어머니의 사랑을 당할 자가 있으랴.

그런데 어찌된 일일까! 그런 사랑의 상징인 어머니가 점차 사라지는 시대가 서서히 다가오는 것 같아 안타까운 심정이다. 다름 아닌 동성연애라는 기막힌 분위기다. 인간의 행위라고는 말하기조차 부끄러운 창조의 근본마저 뭉개버리는 기막힌 현상이 아닌가? 동성끼리 짝을 짓는다는 것을 어찌 상상이라도 할 수 있는 일이던가.

어찌하여 고대로부터 그리스인들은 동성애를 하게 되었을까? 그런 분위기가 세상에 조금씩 퍼지다가, 호주에서조차 동성결혼식까지 공식적으로 허용되는 세상이 되어버렸다. 그러면서 동성애를 남녀 간의 사랑보다 더 고귀한 사랑으로 여긴다니 더 할 말은 없다.

문제는 이것이 남의 나라만의 이야기도 아니고, 우리나라에서도 얼마 전에, 서울 광장에서 동성애 축제까지 열었다니 기막힌 일이 아닌가. 그런 일은 없겠지만 만약 전 세계적으로 이런 분위기가 확산된다면, 언젠가는 이 지상에 인간이 존재할 수도 없지 않겠는가. 설마 그렇게까지는 되지 않겠지만, 인구 감소 현상은 확실하리라 생각된다.

이런 경우 말고도 남녀끼리 정식으로 결혼을 했는데도, 최근 들어 출산을 거부하는 부부가 많아지고 있어 해마다 입교하는 학생 수가 크게 줄어들고 있는 터에 설상가상인 셈이다.

아무튼, 어머니들의 그 아름다운 사랑의 눈빛이 해마다 줄어들고 있다는 것이 심히 안타까운 현상이지만, 인구의 급격한 감소는 더 큰 문제가 아닐까 싶다.

땀이 묻은 돈

부잣집에서 태어나 절약 습관이 몸에 배지 않으면 성인이 되고 나서도 낭비벽이 생겨 흥청망청 쓰게 마련이다.

아무리 부자라도 재산은 한정되어 있기 마련, 계속해서 쓰기만 하다 보면 언젠가는 바닥날 수 있으리라. 그렇게 되면 순식간에 천덕꾸러기로 전락되지 않는다고 누가 감히 장담하랴.

나는 공직에 있을 때, 그런 예를 확실히 목격한 적이 있었다. 그 당시만 해도 나라 경제가 아직 어려운 때인데도 시대와 상관없는 부호(富豪) 한 분이 인근에 거주하고 있었다. 대규모 2개 사업체를 운영하고 있었으며, 슬하에 아들 셋이 나란히 장성하여 매우 튼실한 가정으로 보였다. 그래서 그 아들들에게 재산을 일찍 나누어 주기로 했던 것 같다. 재산을 고루 상속했다는 소식을 듣고 나서, 10여 년 동안 아무런 소식이 없더니, 하루는 우연히 그 부호가 찾아와서 만나게 되었다. 옛 모습은 찾아 볼 수 없고, 우선 보기에 초라한 팔순 노인의 모습이었다. 부탁인즉 영세민들이 거주하는 소규모 특수 연립 주택 방 하나를 알선해 줄 수 없느냐는 요청이었다. 상속받은 그 아들들도 어디서 무엇을 하는지 물어볼 수도 없었지만 짐작컨대 모두 사업에 실패한 듯했다. 그러기에 거처할 방 하나도 없는 불우한 처지가 되지 않았을까 싶었다.

그러나 보호할 의무가 있는 자식들이 호적상 존재하는 이상, 법상 정식 보호는 불가능했다. 그러나 당장 빈 곳도 없어서, 다음 유자격 입주자가 나타날 때까지 임시라도 부탁을 들어 줄 수가 없었던 것이 몹시 안타까웠다.

그 노인을 돌려보내면서 누구에겐가 들었던 옛이야기가 떠올랐다. 어느 부잣집에서 아들에게 상속을 준비했던 이야기다. 그 부자는 아들 하나를 두었는데, 돈 귀한 줄을 모르고 쓸 줄밖에 몰랐다고 했다. 그 많은 재산을 상속해 줄 것을 생각하니 걱정이 태산 같았다. 궁리 끝에 아들을 시험해 보기로 했다.

아침에 아들을 불러놓고 엄한 명령을 내렸다. "오늘 해 뜰 때부터 해가 질 때까지 돈 두 냥만 벌어 오라!"고 했다. 그 아들은 두 냥쯤이야 대수롭지 않은 것처럼 생각하고 하루 종일 놀다가 저녁 무렵에야 어머니에게서 두 냥을 쉽게 얻어서 아버지에게 드렸다. 아버지는 화롯불 앞에 앉았다가 아들이 주는 돈 두 냥을 화롯불에 집어넣어 버렸다.

다음날 아침 또 아들을 불러 어제와 같은 명령을 내렸다. 아들은 친구들과 어울려 놀다가 저녁 무렵이 되었을 때, 아버지의 엄한 모습이 떠올랐다. 어머니에게는 돈 더 달라는 말을 하기 어렵고, 하는 수 없이 친구에게 두 냥을 빌리게 되었다.

빌린 돈 두 냥을 아버지에게 드렸더니 어제처럼 또 화롯불에 집어넣어 태워버렸다. 아들은 아버지가 치매 증세를 보이는 것 같았으나 그 모습이 너무도 진지하고 엄한 모습이어서 항의할 엄두가 나지 않았다.

그 다음날도 똑같은 명령이 좀더 강도 높게 떨어졌다. 아들은 걱정이 되었다. 쉬운 대로 얻거나 빌릴 곳도 없었기 때문이었다. 그래서 이번에는 일거리를 찾아 나섰지만 쉽지 않았다. 나룻배

뱃머리를 서성이면서 무거운 짐이라도 운반하고 삯을 받으려고 했으나 그런 일감도 흔하지 않았다.

하루종일 일을 찾아 헤매었지만 해질 때까지 두 냥을 벌지 못했다. 밤늦게까지 겨우 두 냥을 벌어 집에 들어왔다. 기다리고 있던 아버지에게 엽전 뭉치를 꺼내어 드렸다.

아버지는 헤아려 보지도 않고 그냥 화롯불에 집어넣으려는데, 그 아들이 깜짝 놀라 아버지의 손을 붙들고 애원했다.

"아버지! 이 돈 두 냥을 벌기 위해 하루종일 얼마나 고생한 줄 아십니까?"

울먹이며 애원하는 아들의 손을 잡고 아버지의 손도 같이 떨리기 시작했다, 이제부터 재산을 상속해 줘도 되겠다고 생각한 아버지는 마음 문을 열면시, 돈 버는 게 얼마나 어려운지 알게 된 아들을 끌어안아 다독여 주었다는 것이다.

고생하며 모은 돈이라야 아까운 줄도 아는 것은 당연한 이치이리라. 그래서 유대인들도 '배고픈 아이에게 고기 한 마리를 주는 것 보다, 고기 낚는 방법을 가르쳐 주라'는 말이 있지 않았나 싶다.

옛 결혼식

우리의 옛 조상들은 결혼식 때, 상징물을 대례상 위에 올려놓고 주례사도 없이 맞절을 하면서 그 상징물을 보고 의미를 새기며 느끼게 했다.

대례상 위에는 반드시 발 묶인 살아있는 장닭을 볼 수 있었다. 그 닭은 새벽을 걷어내는 기상나팔수이다. 세상이 밝아 옴을 남보다 먼저 통찰할 만큼 슬기롭다. 담 넘어 다른 집의 닭이 침입하면 사생결단하고 격퇴하는 용기도 있다.

그들 세계의 특미(特味)인 지네가 나타나면 대가리를 쪼아 밟고 서서 먼저 암탉을 "구구구…" 하고 부른다. 어디서 헛발질하다가 달려온 암탉은 장닭이 밟고 있는 지네를 한입에 꿀떡 삼킨

다. 그 순간 장닭은 한쪽 날개를 펴서 땅에 깔고 암탉의 주변을 한 바퀴 돌면서 "구구구…" 하고 애정을 표시한다. 먹고 싶어도 참고 암탉에게 양보하는 아름다운 미덕을 볼 수 있다.

이런 것을 보고 신혼부부가 느끼라는 뜻이 대례상 위에 상징물로 올려져 있었던 것이다. 아내를 아끼는 슬기와 용맹을 겸비하라는 조상들의 오묘한 뜻에 감탄할 따름이다.

또 다른 상징물 중에는 소나무와 대나무 가지를 꽂은 화병과 청실홍실이 있다. 대나무와 같이 곧은 절개로, 소나무와 같이 사철 변치 않는 마음을 신부의 가슴에 새기게 했다. 그리고 그 모두를 이어주는 청실 · 홍실처럼 아기자기한 가정을 이루라는 기원이 얽혀 있었다.

그러나 행복한 가정은 저절로 이루어지지 않는다. 꾸준히 노력해야 한다.

그런데도 세상 사람들은 자기 출세나 재물을 위해서는 목숨을 걸지만, 자기 가정을 위해서는 아무것도 하지 않는 사람이 많다. 관심이 없는 곳에 구멍이 뚫리기 마련이라면, 구멍 뚫린 가정을 두고 밖에서 천지를 흔들어 본들 무슨 소용이 있겠는가?

부부는 상대방의 발자국 소리만 들어도 기분을 읽어낼 수 있을 만큼의 관심만 있다면 더 바랄 게 없겠지. 그런 경지에 이르지는 못해도, 가정에서 온종일 마음고생 한 아내에게 다독여 주는 남편의 말 한마디가 새로운 생기를 불러일으킬 수도 있을 것이다.

직장에서 돌아오는 남편을 감싸주는 아내의 미소도 그날의 피로를 말끔히 씻을 수도 있다. 이런 작은 것부터 실천하는 끈기만 있어도 행복은 풀꽃처럼 저절로 피어나리라.

받는 사랑보다 주는 사랑이 더 행복하다고 한다. 서로 다투어 사랑 주기에 힘쓸 때, 그 행복의 꽃은 시들지 않을 것이다.

지금 미혼인 학생들도 장차 장성하여 결혼하게 되면, 위에서 말한 그런 아름다운 행복의 빛깔로 단장한 한 쌍의 기러기 부부이기를 바란다.

기쁘게 살려면

탈무드에 이런 구절이 있다.

'하루를 기쁘게 살려면 네 아내를 기쁘게 하고, 일주일을 기쁘게 살려면 네 형제를 기쁘게 하고, 일 년을 기쁘게 살려면 네 부모를 기쁘게 하고, 평생을 기쁘게 살려면 네 이웃을 기쁘게 하라.'

내 생각으로는 첫 구절과 끝 구절이 바뀐 것 같다. 평생을 기쁘게 살려면, 누구보다도 가까운 아내를 기쁘게 해야 마땅할 것 같기 때문이다.

어쨌거나 받는 기쁨보다 주는 기쁨이 큰 것은 당연한데, 내 자신을 비롯한 남편들의 입장에서 아내를 과연 얼마나 기쁘게 했는지 깊이 반성해 볼 일이다.

지금은 여성들의 활동 영역이나 그 위치가 많이 바뀌었지만, 1960년대 이전까지만 해도 아내들은 결혼 초부터, 대개 가정부의 역할을 하기 마련이었다. 매일같이 끼니를 준비하고, 빨래하고, 설거지하고, 청소하고…. 그런데 아내는 아내이지 가정부가 아니다. 그런데도 가정부를 겸한 가정 경영자 역할을 비롯한, 남편의 비서, 자녀들의 가정교사 겸 어머니, 시부모의 자원봉사자, 가정 간호사 등 일인다역(一人多役)을 담당했다. 아무리 부지런해도 끝이 없는 가사노동은 별 생색도 나지 않고, 그렇다고 빛이 나는 일도 아니다. 다만 기계처럼, 아침에 눈만 뜨면 묵묵히 그리고 열심히 움직여야 한다. 그런데 대부분의 남편은 그런 수고를 헤아리지 않고, 당연한 것으로 취급해버린다.

아내가 모처럼 원하는 것조차, 귀담아듣지 않았다가 쉽게 잊어버리는 남편이 어디 한둘뿐이랴. 그중에서도 매일같이 술에 취하여 집에 들어오자마자 인사불성으로 코를 고는 간 큰 남편도 더러 있기 마련이다. 그러다가 언젠가는 퇴직을 하고 집에서 소일하게 되면, 그동안 쌓였던 무관심을 향하여 은근한 앙갚음을 당할 수도 있지 않겠는가.

그런 앙갚음을 당한 이야기가 있어서, 들은 대로 여기에 옮겨본다.

하루는, 노인들만 모인 회관에 '눈퉁이가 밤 퉁이' 된 분이 넷이나 나타났다. 그 넷이 따로 모였는데, 공교롭게도 60대부터 90대까지 각각 한 사람씩이었다. 네 사람이 둘러앉아 그렇게 낭패를 당하게 된 연유(緣由)를 털어놓기 시작했다.

먼저 60대의 사연인즉, 퇴직하고 할 일 없이 집에만 있으니까, 너무 심심하고 출출해서 한마디 던졌다가 낭패를 본 사건이라 했다.

"여보! 간식 좀 없어?"

그러자 아내가 기세등등하게 앞에 와서 하는 말이다.

"지금까지 평생 살아오면서 매일같이 잡다한 살림살이 하느라 죽도록 고생했는데, 당신은 아무 할 일도 없으면서 간식 하나도 손수 못 챙겨 먹어요?."

말이 채 끝나기도 전에 독이 잔뜩 오른 주먹으로 이렇게 만들어버렸다는 것이다.

이어서 70대와 80대의 이야기도 있지만, 여기에서는 생략한다.

이제는 걷는 것조차 약간 부자유스러운 90대의 푸념이다.

나는 아침에 눈을 뜨자마자 이 지경이 되었다오. 아내가 하는 말이 "잠들어 눈 감은 김에 그냥 조용히 갈 것이지, 날이 밝았다고 또 눈을 뜨느냐"며 한 대 먹이는 것을 피할 힘이 없었노라 했다.

누군가가 요즘의 세태를 풍자한 이야기겠지만, 아직도 옛 습관에 젖어있는 노인들은 각성할 일이다. 늙을수록 아내를 더 아끼며 사랑해야 얼마 남지 않은 세상을 그나마 기쁘게 살 수 있지 않으랴.

어디로 가는가

사람들은 저마다 살아가는 길이 다르기 마련이지만, 크게 네 가지로 분류하면 다음과 같다고 한다.

밝은 데서 와서 밝은 길로 가는 사람, 밝은 데서 와서 어두운 길로 가는 사람, 어두운 데서 와서 밝은 길로 가는 사람, 어두운 데서 와서 어두운 길로 가는 사람이다.

좋은 집안에서 태어나 귀공자처럼, 공주처럼 사랑받고 자라서 높은 수준의 교육도 받고 바르게 지혜롭게 복을 누리고 사는 사람은 밝은 데서 와서 밝은 길로 가는 사람이라 할 수 있다. 그러나 이런 사람은 흔하지 않으며, 자세히 보면 성격상 문제가 발견되기도 한다. 연단되지 않고 온상에서 자란 탓인지 늘 자기

중심적이며, 오만한 태도로 남을 업신여기는 성격이 흠이라면 흠일 수 있다.

그리고 제법 괜찮은 집안에서 태어나 제대로 배우기는 했지만, 비도덕적인 생활 태도로 살다가 불행한 삶을 마치는 사람도 역시 밝은 데서 와서 어두운 길로 가는 사람이다.

이런 사람은 흔히 볼 수 있는 사람들이며, 어릴 때부터 과잉 보호 등으로 성격 형성에 문제가 되었던 사람들이라 할 수 있다. 말하자면 바르게 인생의 방향을 잡는 데 실패한 사람들인 셈이다.

그러나 어린 시절 불행하게 살았다 해도 바르고 건강한 가치관을 가지고 남을 도와가며 행복하게 사는 사람은 어두운 곳에서 와서 밝게 사는 사람들이다.

이런 분들은 이웃의 아픔을 살피며, 같이 나눌 줄 아는 따스한 정을 가진 것이 공통점이다.

가수 최희준의 노랫말 가운데 '인생은 나그네길 어디서 왔다가 어디로 가는가…'라는 구절이 있다.

따져보면 '어디서 왔느냐'보다는 '어디로 가는가'가 더 중요하다. 인간은 이 세상에 올 때는 내 뜻대로가 아니었다. 태어나서 자랄 때까지도 내 뜻대로가 아니라고 볼 수 있다. 그러나 성년이 되고부터는 자신이 가는 길은 자신의 뜻대로 가기 마련이다. 이때 방향을 어떻게 잡느냐에 따라 장차 행복과 불행이 결정된다고 본다. '내가 가고자 하는 길이 과연 사회적으로 유익한 길인가?'라는 질문에 긍정적이고 자신만만한 답이 나올 수 있어야 할 것이다.

한 개인이 바르게 사는 길도 이처럼 어려운데 어느 지역 전체가 다 바르게살기란 더욱 어려운 과제다. 비뚤어진 부분도 자세히 살펴보면 일률적이지 못하고 각각 특성이 있기 마련이다. 그러니 그 특성에 알맞은 처방을 강구해야 될 것이다.

마치 농사를 지을 때, 뿌리를 실하게 하는 비료가 있고, 열매를 실하게 하거나 잎을 무성하게 하는 비료가 따로 있듯이 비뚤어진 부분에 알맞은 처방이 있을 것이다.

그러나 공통적인 부분은 이 어려운 시기에 고통을 나누어 갖기 위해 남을 돕는 갸륵한 마음들일 것이다.

자신도 어렵지만 자신보다 더 어려운 남을 돕겠다고 나서는 손길이 많아지면 그 길이 바르게 사는 꽃길일 수도 있다. 그런 흐뭇한 꽃길을 만드는 데 유력한 단체들이 앞장서야 할 것이다.

무수한 현재가 모여서 영원한 미래가 되듯이, 오늘을 우리가 어떻게 사느냐에 따라 내일이 어떻게 될 것이냐를 알 수 있으니 말이다.

그러니 우리 모두 손잡고 고통도 기쁨도 나누어 갖는 다정한 이웃이 되어, 바르게 전진했으면 한다.

험담보다는 칭찬을

할 일이 없으면 몽골인은 칼을 갈고, 중국인은 벼룩을 잡고, 프랑스인은 잡담을 하고, 이탈리아인은 노래를 부르고, 한국인은 험담을 한다는 말이 오래전부터 회자되고 있다.

옛날에는 할 일이 없는 사람들이나 험담을 했지만, 최근에는 바쁜 사람도 험담을 해대는 세상으로 바뀐 셈이다.

선거라도 있으면 상대 후보의 험담이 심심찮게 등장하는 것을 볼 수 있다. 무슨 선거든지 흑색선전 없이 지나갈 수는 없는가 보다. 투표일이 가까워질수록 그 강도가 진해지고 있으니….

합동연설회라도 열리면 주어진 시간에 공약이나 소신은 밝히지는 않고, 상대 유력 후보의 험담만 하다가 내려가는 딱한 후

보자도 더러 있기 마련이다.

험담으로 상대를 뭉개야 자신의 인기가 올라가는 줄 착각하는 후보자에게서 유권자들의 관심이 떠나고 있다는 무서운 사실을 모르고 계속 떠들고 있는 것을 보면 안타깝기도 하다.

할 일이 없으면 노래를 부른다는 이탈리아 사람들이 부러울 지경이다. 넓은 지중해변에 이탈리아 민요의 메카인 나폴리와 소렌토를 흔드는 노래가 있었기에 로마의 문화가 그렇게도 찬란하고, 세계 패션의 중심가인 밀라노가 존재하는 것이 아닐까.

노래가 있는 곳에 행복이 있고, 꿈이 있고, 희망이 있는 법이거늘….

우리도 할 일이 없으면 험담만 늘어놓을 것이 아니라, 험담하던 입으로 서로 칭찬을 하든지 차라리 노래라도 부를 수는 없을까? 칭찬이나 노래는 자기 자신은 물론 듣는 사람까지도 행복해지는데 그런 쪽에는 왜들 그렇게 인색한지 모를 일이다.

꽃도 아름다운 노래를 들려주면 더 아름답게 핀다고 하지 않던가. 그런데 우리는 어떻게 된 셈인지, 직장이나 어느 단체에서도 쉬는 시간이면 모여서 고작 시간 보내는 방법이 온통 험담의 열변을 토하는 일이다. 이 일을 어쩌면 좋으랴.

이런 분위기가 고쳐지지 않는 한, 국가의 발전은 점점 멀어지기 마련이리라.

60년대에 「새마을 노래」가 이 나라 경제를 일으켰듯이 우리도 이 어두운 험담의 분위기를 하루빨리 걷어내고, 희망찬 노래의 분위기로 전환했으면 싶다. 그런 분위기에 따라 서로 오순도순 칭찬하는 분위기를 같이 만들면 우리에게도 반드시 큰 복이 쏟아질지도 모르지 않는가. 그런 날을 간절히 기대해본다.

차이코프스키 교향곡 4번

차이코프스키의 교향곡 4번을 감상해 보면 인상적이고 감동적인 순간을 만나게 된다. 1악장의 내용은 인간의 불운을 그려내고, 2악장과 3악장은 새로운 삶을 시작할 용기와 의지가 없는 우울한 감정이 묘사된다. 4악장에서는 인간의 강인한 의지와 환희를, 심벌즈란 악기를 통해 묘사하고 있다.

오케스트라 구성원은 자기가 맡은 역할을 훌륭히 연주해 내어야 아름다운 하모니를 이룰 수 있다. 그러나 악기의 종류에 따라 배치되는 위치가 공평하지 못하고, 연주하는 시간의 차이도 많다.

바이올린이나 첼로는 무대 맨 앞자리 중앙을 차지하고, 연주

시간도 길며, 휘황찬란한 스포트라이트를 받는다.

그러나 심벌즈를 치는 사람은 3악장까지 가만히 뒷자리에 있다가 4악장이 되어서야 정확하게 자기 시간에 정확한 박자를 크게 치고 사라진다. 백여 명 중 가장 짧게 연주했지만 그 큰 소리만은 아무도 따를 자가 없었다.

그래도 그 연주자는 4년이란 세월 동안 음악을 전공했고, 그 일에 생애를 걸었다.

그런 공로를 생각하면 역할이 비참하게 보이기도 한다. 그러나 연주자는 오히려 그 반대를 생각하였을지도 모른다. 차이코프스키 교향곡 4번의 절정에 그의 심벌즈가 올라선 것이다. 오케스트라의 모든 악기는 심벌즈의 큰 소리를 뒷받침하기 위한 들러리일 수도 있었다.

왜냐하면 그 환희의 순간을 위하여 1악장에서 3악장까지의 서곡이 오랫동안 연주되었기 때문이다. 그 짧은 환희의 순간을 더욱 돋보이게 하기 위하여 어두운 불운의 분위기를 길게 깔았던 작곡가의 의도를 심벌즈 연주자는 잘 읽고 있었다.

그래서 그 연주자는 연주 속의 환희를 자기 것으로 만들어 버렸는지도 모른다.

직장인 중에는 자기가 맡은 역할이 못마땅하다고 불평하는 사람들이 많은 것을 흔히 볼 수 있다.

그러나 자기가 맡은 분야에서 깊은 의미를 찾아보면 중요하지 않은 부서가 하나도 없는 줄 안다.

다만 얼마만큼의 열정으로 어떤 보람을 창조하느냐가 문제일 뿐이다.

행복을 찾는 길

1판 1쇄 발행 2020년 9월 30일

지은이 | 고동주
펴낸이 | 김진수
펴낸곳 | 한국문화사
등 록 | 제1994-9호
주 소 | 서울특별시 성동구 광나루로 130 서울숲 IT캐슬 1310호
전 화 | 02-464-7708
팩 스 | 02-499-0846
이메일 | hkm7708@hanmail.net
홈페이지 | http:// hph.co.kr

ISBN 978-89-6817-926-6 03810

• 이 도서의 국립중앙도서관 출판예정도서목록(CIP)은 서지정보유통지원시스템 홈페이지(http://seoji.nl.go.kr)와 국가자료공동목록시스템(http://www.nl.go.kr/kolisnet)에서 이용하실 수 있습니다(CIP제어번호: CIP2020038621)